초등

어휘가 문해력이다

P단계

예비 초등 교과서 어휘 완성

↓ 정답과 해설은 EBS 초등사이트(primary.ebs.co.kr)에서 다운로드 받으실 수 있습니다.

교 재 내 용 문 의	교재 내용 문의는 EBS 초등사이트 (primary.ebs.co.kr)의 교재 Q&A 서비스를 활용하시기 바랍니다.	
교 재 정 오 표 공 지	발행 이후 발견된 정오 사항을 EBS 초등사이트 정오표 코너에서 알려 드립니다. 교재 검색 ▶ 교재 선택 ▶ 정오표	
교 재 정 정 신 청	공지된 정오 내용 외에 발견된 정오 사항이 있다면 EBS 초등사이트를 통해 알려 주세요. 교재 검색 ▶ 교재 선택 ▶ 교재 Q&A	

초등

어휘가 문해력이다

P단계

예비 초등 교과서 어휘 완성

교과서 내용을 이해하지 못하는 우리 아이?
평생을 살아가는 힘, '문해력'을 키워 주세요!

'어휘가 문해력이다'
어휘 학습으로 문해력 키우기

1 초등학교에 입학하기 전에
1학년 교과 학습에 필요한 어휘를 미리 익힐 수 있습니다.

초등학교 1학년 1학기 국어/학교·사람들·우리나라·탐험/수학 교과서에 나오는 낱말을 주제별로 뽑아
어휘 학습을 시작할 수 있도록 구성하였습니다.
취학 전 예습 교재로, 취학 후 복습 교재로 활용할 수 있도록 중요 낱말을 뽑아 수록하였습니다.

2 1권×4주 학습으로 구성해 단기간에 교과서 필수 어휘를 익힐 수 있습니다.

하루 4쪽씩, 20일 동안 80여 개의 중요 낱말을 공부할 수 있도록 구성하였습니다.
쉬운 뜻풀이와 예문을 제시하여 낱말의 뜻과 낱말을 활용하는 방법을 익히는 데 도움을 주고자 하였
습니다.

3 낱말이 쓰인 상황을 통해 자연스러운 어휘 학습이 가능합니다.

주제별 네 개의 낱말을 넣어 꾸민 그림 상황을 보면서 각 낱말의 쓰임을 자연스럽게 익힐 수 있도록
하였습니다.
중요 낱말을 직접 따라 써 보면서 글자를 정확하게 익힐 수 있도록 하였습니다.

4 다양한 문제를 통해 학습한 어휘를 점검할 수 있습니다.

한 회에서 공부한 낱말을 꼼꼼히 점검할 수 있도록 줄 잇기, 색칠하기, ○·× 하기, 붙임딱지 붙이기
등 다양한 형식의 확인 문제를 수록하였습니다.
일주일 동안 학습한 어휘를 놀이 형식의 문제를 통해 재미있고 종합적으로 점검할 수 있도록 하였습
니다.

5 효율적인 교재 구성으로 반복 학습 및 수월한 학습 지도가 가능합니다.

학습한 어휘를 과목별로 다시 살펴보고 정리할 수 있도록 '과목별 낱말 모음'을 수록하였습니다.
'정답과 해설'은 자세한 해설을 실어 학습 지도를 수월히 할 수 있도록 하였습니다.

EBS 〈당신의 문해력〉 교재 시리즈는 약속합니다.

교과서를 잘 읽고 더 나아가 많은 책과 온갖 글을 읽는 능력을 갖출 수 있도록
문해력을 이루는 핵심 분야별, 학습 단계별 교재를 준비하였습니다.
한 권 5회×4주 학습으로 아이의 공부하는 힘,
평생을 살아가는 힘을 EBS와 함께 키울 수 있습니다.

어휘가 문해력이다

어휘 실력이 교과서를 읽고 이해할 수 있는지를 결정하는 척도입니다.
〈어휘가 문해력이다〉는 교과서 진도를 나가기 전에 꼭 예습해야 하는 교재입니다.
20일이면 한 학기 교과서 필수 어휘를 완성할 수 있습니다.
교과서 수록 필수 어휘들을 교과서 진도에 맞춰
날짜별, 과목별로 공부하세요.

쓰기가 문해력이다

쓰기는 자기 생각을 표현하는 미래 역량입니다.
서술형, 논술형 평가의 비중은 점점 커지고 있습니다.
객관식과 단답형만으로는 아이들의 생각과 미래를 살펴볼 수 없기 때문입니다.
막막한 쓰기 공부. 이제 단어와 문장부터 하나씩 써 보며 차근차근 학습하는
〈쓰기가 문해력이다〉와 함께 쓰기 지구력을 키워 보세요.

ERI 독해가 문해력이다

독해를 잘하려면 체계적이고 객관적인 단계별 공부가 필수입니다.
기계적으로 읽고 문제만 푸는 독해 학습은 체격만 키우고 체력은 미달인 아이를 만듭니다.
〈ERI 독해가 문해력이다〉는 특허받은 독해 지수 산출 프로그램을 적용하여 글의 난이도를
체계화하였습니다.
단어 · 문장 · 배경지식 수준에 따라 설계된 단계별 독해 학습을 시작하세요.

배경지식이 문해력이다

배경지식은 문해력의 중요한 뿌리입니다.
하루 두 장, 교과서의 핵심 개념을 글과 재미있는 삽화로 익히고 한눈에 정리할 수 있습니다.
시간이 부족하여 다양한 책을 읽지 못하더라도 교과서의 중요 지식만큼은 놓치지 않도록
〈배경지식이 문해력이다〉로 학습하세요.

디지털독해가 문해력이다

디지털독해력은 다양한 디지털 매체 속 정보를 읽어 내는 힘입니다.
아이들이 접하는 디지털 매체는 매일 수많은 정보를 만들어 내기 때문에
디지털 매체의 정보를 판단하는 문해력은 현대 사회의 필수 능력입니다.
〈디지털독해가 문해력이다〉로 교과서 내용을 중심으로 디지털 매체 속 정보를 확인하고
다양한 과제를 해결해 보세요.

이 책의 **구성과 특징**

1 그림으로 어휘 학습 시작하기

- 어휘 학습을 본격적으로 하기 전에 색칠하기나 붙임딱지를 붙이는 활동을 하며 학습할 낱말에 흥미를 갖도록 하였어요.

- 초등학교 1학년 1학기 교과서에 나오는 낱말을 주제별로 뽑아 학습할 수 있도록 하였어요.
- 각 낱말이 쓰인 상황을 제시해 낱말의 쓰임을 자연스럽게 익힐 수 있어요.
- 낱말을 직접 따라 쓰면서 글자를 정확하게 익힐 수 있어요.

2 낱말 뜻 익히기

- 네 가지 색깔의 길을 따라 줄을 그으며 낱말 뜻을 익힐 수 있도록 재미있게 구성하였어요.
- 낱말 뜻을 이해하기 쉽게 풀이하였어요.

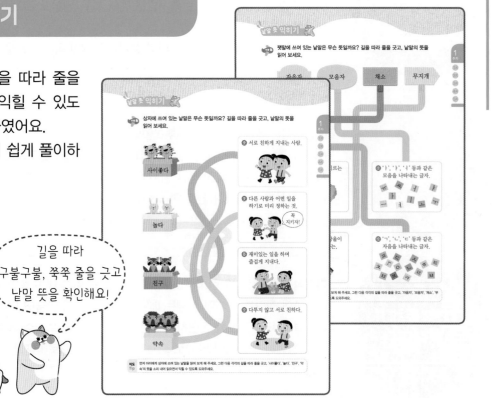

길을 따라 구불구불, 쭉쭉 줄을 긋고 낱말 뜻을 확인해요!

3 문제로 어휘 학습 점검하기

- 학습한 낱말을 점검할 수 있도록 줄 잇기, 색칠하기, 붙임딱지 붙이기, ○·Ｘ 하기 등의 다양한 문제로 구성하였어요.
- 낱말 뜻을 정확하게 익힐 수 있는 문제, 문장 속에서 낱말을 활용한 문제를 풀면서 어휘 실력을 다질 수 있어요.
- 회마다 학습을 마친 후 학습 확인 붙임딱지를 붙이면서 성취감을 느낄 수 있어요.

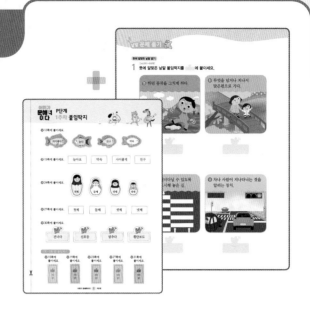

4 일주일 어휘 학습 마무리하기

주마다 1회에서 5회까지 학습한 낱말을 재미있는 놀이 문제를 통해 종합적으로 복습할 수 있어요.

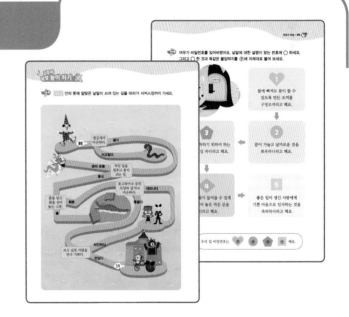

과목별 낱말 모음

한 권에서 학습한 어휘를 초등학교 1학년 교과서별(국어/학교·사람들·우리나라·탐험/수학)로 나누어 그림 자료와 함께 정리하였어요.

정답과 해설

정답에 자세한 해설을 실어 아이의 학습 지도를 보다 편하고 쉽게 할 수 있도록 하였어요.

예비 초등을 위한 초등 1학년 1학기
교과서 연계 목록

1주차

1회 | 교과서 **학교 1-1**
학교

2회 | 교과서 **국어 1-1 ㉯**
4. 여러 가지 낱말을 익혀요

3회 | 교과서 **국어 1-1 ㉮**
1. 글자를 만들어요

4회 | 교과서 **수학 1-1**
1. 9까지의 수

5회 | 교과서 **학교 1-1**
학교

2주차

1회 | 교과서 **국어 1-1 ㉯**
5. 반갑게 인사해요

2회 | 교과서 **국어 1-1 ㉮**
2. 받침이 있는 글자를 읽어요

3회 | 교과서 **사람들 1-1**
사람들

4회 | 교과서 **수학 1-1**
2. 여러 가지 모양

5회 | 교과서 **우리나라 1-1**
우리나라

『어휘가 문해력이다』 P단계에 수록된 어휘는
초등학교 1학년 1학기 국어/학교·사람들·우리나라·탐험/수학 교과서에 실려 있어요.
각 회마다 연계된 교과서 단원을 확인하며 초등학교 입학 전에 필요한 낱말 공부를 해 보세요!

이 책의 **차례**

인공지능 DANCHOO
푸리봇 문|제|검|색

EBS 초등사이트와 EBS 초등 APP 하단의
AI 학습도우미 푸리봇을 통해 문항코드를
검색하면 푸리봇이 해당 문제의 해설 강의를
찾아 줍니다.

문제별 문항코드 확인

[243001 - 0001]
1. 아래 그래프를 이해한 내용으로 가장 적절한 것은?

243001 - 0001

문항코드 검색

1주차 어휘 미리 보기

1회

| 사이좋다 |
| 놀다 |
| 친구 |
| 약속 |

2회

| 놀이터 |
| 공원 |
| 도서관 |
| 정류장 |

3회
자음자
모음자
채소
무지개

4회
첫째
둘째
셋째
넷째

5회
횡단보도
멈추다
신호등
건너다

1회 사이좋게 지내요

낱말 뜻 익히기

 상자에 쓰여 있는 낱말은 무슨 뜻일까요? 길을 따라 줄을 긋고, 낱말의 뜻을 읽어 보세요.

사이좋다

놀다

친구

약속

뜻 서로 친하게 지내는 사람.

뜻 다른 사람과 어떤 일을 하기로 미리 정하는 것.

꼭 지키자!

뜻 재미있는 일을 하며 즐겁게 지내다.

뜻 다투지 않고 서로 친하다.

지도 Tip 먼저 아이에게 상자에 쓰여 있는 낱말을 읽어 보게 해 주세요. 그런 다음 각각의 길을 따라 줄을 긋고, '사이좋다', '놀다', '친구', '약속'의 뜻을 소리 내어 읽으면서 익힐 수 있도록 도와주세요.

낱말 문제 풀기

뜻에 알맞은 낱말 알기

1 [243001-0001]

뜻에 알맞은 낱말을 찾아 색칠하세요.

뜻 다른 사람과 어떤 일을 하기로 미리 정하는 것.

(대답) (부탁)

(약속)

뜻 서로 친하게 지내는 사람.

(친구) (가수)

(손님)

뜻 다투지 않고 서로 친하다.

(싫다) (사이좋다)

(심심하다)

뜻 재미있는 일을 하며 즐겁게 지내다.

(먹다) (쉬다)

(놀다)

낱말의 쓰임 알기

[243001-0002]

2 그림을 보고, ▨에 알맞은 낱말 붙임딱지를 붙이세요.

1주차
1회
2회
3회
4회
5회

동생과 ▨ 블록을 쌓아요.

내일 놀이공원에 놀러 가기로 ▨ 해요.

미끄럼틀에서 미끄럼을 타고 ▨.

나와 윤아는 같은 유치원에 다니는 ▨ 예요.

1회 끝!
붙임딱지를 붙이세요.

동네를 구경해요

낱말이 쓰여 있는 곳을 예쁘게
색칠해 보세요.

공원
놀이터
정류장
도서관
119

우리 동네를 구경해 볼까요? 그림을 보고, 흐린 색깔의 낱말을 따라 쓰세요.
그리고 큰 목소리로 읽어 보세요.

낱말 뜻 익히기

🛩 휴대 전화에 쓰여 있는 낱말은 무슨 뜻일까요? 길을 따라 줄을 긋고, 낱말의 뜻을 읽어 보세요.

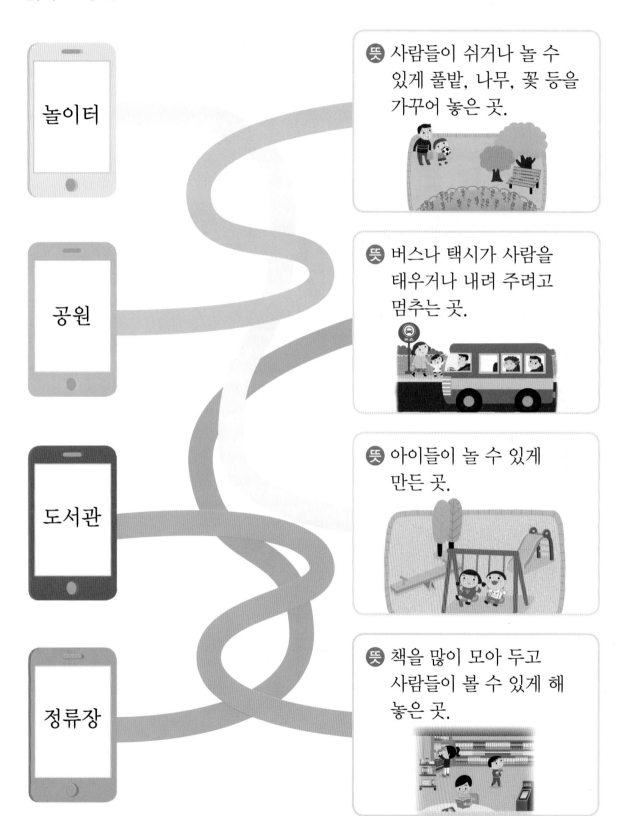

놀이터

공원

도서관

정류장

뜻 사람들이 쉬거나 놀 수 있게 풀밭, 나무, 꽃 등을 가꾸어 놓은 곳.

뜻 버스나 택시가 사람을 태우거나 내려 주려고 멈추는 곳.

뜻 아이들이 놀 수 있게 만든 곳.

뜻 책을 많이 모아 두고 사람들이 볼 수 있게 해 놓은 곳.

지도 Tip 동네에 있는 장소의 이름 중 '놀이터', '공원', '도서관', '정류장'의 뜻을 익혀 봅니다. 먼저 아이에게 휴대 전화에 쓰여 있는 낱말을 읽어 보게 해 주세요. 그런 다음 각각의 길을 따라 줄을 긋고, 낱말의 뜻을 소리 내어 읽으면서 익힐 수 있도록 도와주세요.

낱말 문제 풀기

뜻에 알맞은 낱말 알기

1 [243001-0003]

뜻에 알맞은 낱말을 찾아 ◯ 하세요.

뜻 버스나 택시가 사람을 태우거나 내려 주려고 멈추는 곳.

학교　　　슈퍼마켓

정류장

뜻 책을 많이 모아 두고 사람들이 볼 수 있게 해 놓은 곳.

병원　　　도서관

동물원

뜻 사람들이 쉬거나 놀 수 있게 풀밭, 나무, 꽃 등을 가꾸어 놓은 곳.

식당　　　공원

약국

뜻 아이들이 놀 수 있게 만든 곳.

영화관　　　경찰서

놀이터

낱말의 쓰임 알기

[243001-0004]

2 그림을 보고, 알맞은 낱말을 찾아 색칠하세요.

선우가
공원
병원
에서 자전거를 타요.

민지가
빵집
도서관
에서 책을 읽어요.

인규가
정류장
소방서
에서 버스를 기다려요.

현이가
서점
놀이터
에서 그네를 타요.

2회
끝!
붙임딱지를
붙이세요.

글자를 배워요

낱말이 쓰여 있는 곳을 예쁘게
색칠해 보세요.

글자는 어떻게 이루어져 있을까요? 그림을 보고, 흐린 색깔의 낱말을 따라 쓰세요.
그리고 큰 목소리로 읽어 보세요.

낱말 뜻 익히기

팻말에 쓰여 있는 낱말은 무슨 뜻일까요? 길을 따라 줄을 긋고, 낱말의 뜻을 읽어 보세요.

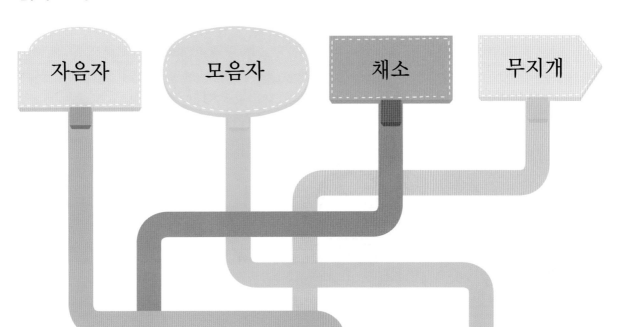

자음자　　모음자　　채소　　무지개

뜻 먹기 위해 밭에서 기르는 식물.

뜻 'ㅏ', 'ㅑ', 'ㅓ' 등과 같은 모음을 나타내는 글자.

뜻 공중에 떠 있는 물방울이 햇빛을 받아 나타나는, 일곱 빛깔의 줄.

뜻 'ㄱ', 'ㄴ', 'ㄷ' 등과 같은 자음을 나타내는 글자.

지도
Tip
먼저 아이에게 팻말에 쓰여 있는 낱말을 읽어 보게 해 주세요. 그런 다음 각각의 길을 따라 줄을 긋고, '자음자', '모음자', '채소', '무지개'의 뜻을 소리 내어 읽으면서 익힐 수 있도록 도와주세요.

낱말 문제 풀기

뜻에 알맞은 낱말 알기

[243001-0005]

1 뜻에 알맞은 낱말을 찾아 줄로 이으세요.

뜻 'ㄱ', 'ㄴ', 'ㄷ' 등과 같은 자음을 나타내는 글자.

뜻 'ㅏ', 'ㅑ', 'ㅓ' 등과 같은 모음을 나타내는 글자.

ㅏ ㅑ ㅓ ㅕ ㅗ ㅛ
ㅜ ㅠ ㅡ ㅣ

무지개   채소   자음자   모음자

뜻 공중에 떠 있는 물방울이 햇빛을 받아 나타나는, 일곱 빛깔의 줄.

뜻 먹기 위해 밭에서 기르는 식물.

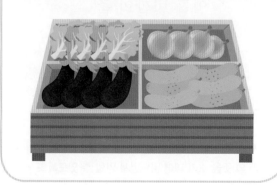

낱말의 쓰임 알기

[243001-0006]

2 그림을 보고, ▢ 에 알맞은 낱말을 찾아 색칠하세요.

공책에 ▢ 를 써요.

자음자	모음자	모자

색종이에 쓰여 있는 ▢ 를 오려요.

자음자	모음자	사자

▢ 가게에서 배추를 사요.

옷	생선	채소

비가 그치고 하늘에 ▢ 가 떴어요.

새	무지개	비행기

순서대로 서요

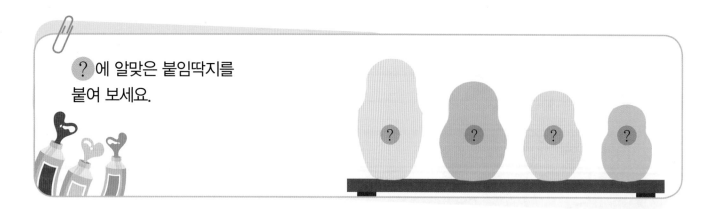

? 에 알맞은 붙임딱지를 붙여 보세요.

순서를 나타내는 말에는 어떤 것이 있을까요? 그림을 보고, 흐린 색깔의 낱말을 따라 쓰세요. 그리고 큰 목소리로 읽어 보세요.

 구름에 쓰여 있는 낱말은 무슨 뜻일까요? 흐린 색깔의 선을 따라 그리고,
낱말의 뜻을 읽어 보세요.

첫째

뜻 순서가 가장 먼저인 것.

둘째
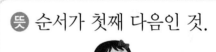
뜻 순서가 첫째 다음인 것.

셋째
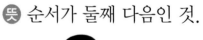
뜻 순서가 둘째 다음인 것.

넷째
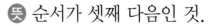
뜻 순서가 셋째 다음인 것.

지도 Tip 순서를 나타내는 말의 뜻을 익혀 봅니다. 먼저 아이에게 구름에 쓰여 있는 낱말을 읽어 보게 해 주세요. 그런 다음 흐린 색깔의 선을 각각 따라 그리고, '첫째', '둘째', '셋째', '넷째'의 뜻을 소리 내어 읽으면서 익힐 수 있도록 도와주세요.

뜻에 알맞은 낱말 알기

[243001-0007]

1 뜻에 알맞은 낱말을 찾아 줄로 이으세요.

뜻 순서가 가장 먼저인 것. ★   ★ 둘째

뜻 순서가 첫째 다음인 것. ★   ★ 넷째

뜻 순서가 둘째 다음인 것. ★   ★ 첫째

뜻 순서가 셋째 다음인 것. ★   ★ 셋째

낱말의 쓰임 알기

[243001-0008]

2 그림을 보고, ⬜⬜⬜에 알맞은 낱말 붙임딱지를 붙이세요.

 돼지는 앞에서부터 로 달려요.

 토끼는 앞에서부터 로 달려요.

 코끼리는 앞에서부터 로 달려요.

 다람쥐는 앞에서부터 로 달려요.

길을 건너요

낱말이 쓰여 있는 곳을 예쁘게
색칠해 보세요.

길을 안전하게 건너려면 어떻게 해야 할까요? 그림을 보고, 흐린 색깔의 낱말을
따라 쓰세요. 그리고 큰 목소리로 읽어 보세요.

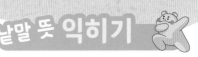
 배에 쓰여 있는 낱말은 무슨 뜻일까요? 길을 따라 줄을 긋고, 낱말의 뜻을 읽어 보세요.

횡단보도   멈추다   신호등   건너다

뜻 하던 동작을 그치게 하다.

뜻 사람이 건너다닐 수 있도록 찻길에 표시해 놓은 길.

뜻 무엇을 넘거나 지나서 맞은편으로 가다.

뜻 차나 사람이 지나다니는 것을 알리는 장치.

지도 Tip 교통안전과 관련된 낱말의 뜻을 익혀 봅니다. 먼저 아이에게 배에 쓰여 있는 낱말을 읽어 보게 해 주세요. 그런 다음 각각의 길을 따라 줄을 긋고, '횡단보도', '멈추다', '신호등', '건너다'의 뜻을 소리 내어 읽으면서 익힐 수 있도록 도와주세요.

뜻에 알맞은 낱말 알기

[243001-0009]

1 뜻에 알맞은 낱말 붙임딱지를   에 붙이세요.

뜻 하던 동작을 그치게 하다.

뜻 무엇을 넘거나 지나서 맞은편으로 가다.

뜻 사람이 건너다닐 수 있도록 찻길에 표시해 놓은 길.

뜻 차나 사람이 지나다니는 것을 알리는 장치.

낱말의 쓰임 알기

2 [243001-0010]

그림을 보고, 알맞은 낱말을 찾아 ○ 하세요.

가로등

신호등

이 초록불일 때 건너요.

돌다리

횡단보도

에서 장난치면 위험해요.

춤을 추다가 동작을

멈춰요 .

닦아요 .

배를 타고 바다를

불러요 .

건너요 .

5회
끝!
붙임딱지를
붙이세요.

에 알맞은 낱말이 있는 곳을 아래 그림에서 찾아 색칠하고, 어떤 모양이 나오는지 말해 보세요.

① 순서가 가장 먼저인 것을 　　　　라고 해요.

② 다투지 않고 서로 친한 것을 　　　　라고 해요.

③ 아이들이 놀 수 있게 만든 곳을 　　　　라고 해요.

④ 먹기 위해 밭에서 기르는 식물을 　　　　라고 해요.

⑤ 'ㄱ', 'ㄴ', 'ㄷ' 등과 같은 자음을 나타내는 글자를 　　　　라고 해요.

낱말에 대한 설명이 맞으면 ◯, 틀리면 ✕ 하세요.

다른 사람과 어떤 일을
하기로 미리 정하는 것을
약속이라고 해요.

순서가 둘째 다음인 것을
넷째라고 해요.

책을 많이 모아 두고
사람들이 볼 수 있게 해 놓은
곳을 도서관이라고 해요.

사람이 건너다닐 수 있도록
찻길에 표시해 놓은 길을
횡단보도라고 해요.

하던 동작을 그치게 하는
것을 건너다라고 해요.

'ㅏ', 'ㅑ', 'ㅓ' 등과 같은
모음을 나타내는 글자를
모음자라고 해요.

2주차 어휘 미리 보기

1회

반갑다
미안하다
축하하다
고맙다

2회

창
받침
솥
화분

3회

생일 파티

초대

삼촌

닮다

4회

둥글다

네모나다

길쭉하다

뾰족하다

5회

휴식

구명조끼

준비 운동

미끄럽다

알맞은 인사말을 해요

낱말이 쓰여 있는 곳을 예쁘게
색칠해 보세요.

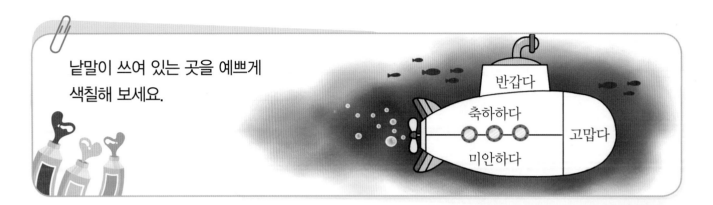

친구들은 상황에 알맞게 인사하나요? 그림을 보고, 흐린 색깔의 낱말을 따라
쓰세요. 그리고 큰 목소리로 읽어 보세요.

깃발에 쓰여 있는 낱말은 무슨 뜻일까요? 길을 따라 줄을 긋고, 낱말의 뜻을 읽어 보세요.

반갑다

미안하다

축하하다

고맙다

뜻 남에 대한 마음이 편하지 않고 부끄럽다.

뜻 남이 나에게 잘해 주어서 흐뭇하고 즐겁다.

뜻 보고 싶던 사람을 만나 기쁘다.

뜻 좋은 일이 생긴 사람에게 기쁜 마음으로 인사하다.

지도 Tip 일상생활에서 자주 사용하는 인사말의 뜻을 익혀 봅니다. 먼저 아이에게 깃발에 쓰여 있는 낱말을 읽어 보게 해 주세요. 그런 다음 각각의 길을 따라 줄을 긋고, '반갑다', '미안하다', '축하하다', '고맙다'의 뜻을 소리 내어 읽으면서 익힐 수 있도록 도와주세요.

뜻에 알맞은 낱말 알기

1 [243001-0011]
뜻에 알맞은 낱말 붙임딱지를 에 붙이세요.

뜻 좋은 일이 생긴 사람에게 기쁜 마음으로 인사하다.

뜻 보고 싶던 사람을 만나 기쁘다.

할머니!

뜻 남이 나에게 잘해 주어서 흐뭇하고 즐겁다.

뜻 남에 대한 마음이 편하지 않고 부끄럽다.

앗! 내가 블록을 무너뜨려 버렸네.

낱말의 쓰임 알기

[243001-0012]

2 그림을 보고, ▨ 에 알맞은 낱말을 찾아 ○ 하세요.

미안해

반가워

고맙습니다

다녀왔습니다

축하해요

괜찮아요

반가워

미안해

글자의 받침을 찾아요

? 에 알맞은 붙임딱지를 붙여 보세요.

 글자에 들어 있는 받침을 찾아볼까요? 그림을 보고, 흐린 색깔의 낱말을 따라 쓰세요. 그리고 큰 목소리로 읽어 보세요.

메모지에 쓰여 있는 낱말은 무슨 뜻일까요? 길을 따라 줄을 긋고, 낱말의 뜻을 읽어 보세요.

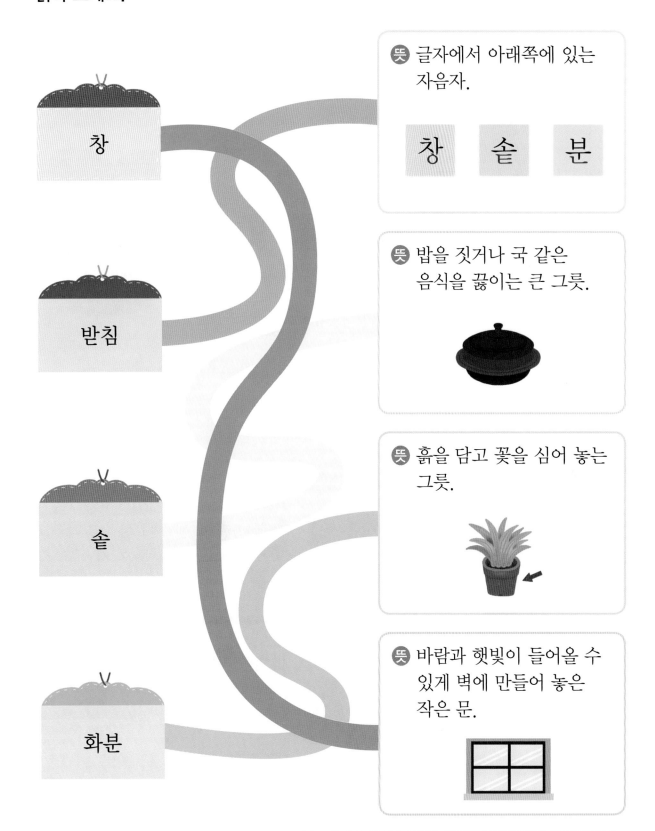

뜻 글자에서 아래쪽에 있는 자음자.

창　솥　분

뜻 밥을 짓거나 국 같은 음식을 끓이는 큰 그릇.

뜻 흙을 담고 꽃을 심어 놓는 그릇.

뜻 바람과 햇빛이 들어올 수 있게 벽에 만들어 놓은 작은 문.

창

받침

솥

화분

낱말 문제 풀기

뜻에 알맞은 낱말 알기

1 [243001-0013]

뜻에 알맞은 낱말 붙임딱지를   에 붙이세요.

뜻 글자에서 아래쪽에 있는 자음자.

국 줄 솜 문 공

뜻 흙을 담고 꽃을 심어 놓는 그릇.

뜻 밥을 짓거나 국 같은 음식을 끓이는 큰 그릇.

뜻 바람과 햇빛이 들어올 수 있게 벽에 만들어 놓은 작은 문.

낱말의 쓰임 알기

[243001-0014]

2 그림을 보고, ▨ 에 알맞은 낱말을 찾아 색칠하세요.

▨ 에 물을 주었어요.

컵	빨대	화분

'자'에 ▨ 'ㅁ'을 붙이면 '잠'이 돼요.

기침	받침	부침

방 안이 추워서 ▨ 을 닫아요.

공	옷	창

엄마께서 ▨ 에 고구마를 쪄 주셨어요.

솥	화분	접시

2주차

1회
2회
3회
4회
5회

2회
끝!
붙임딱지를
붙이세요.

수록 교과서 사람들 1-1
사람들

사람들을 초대해요

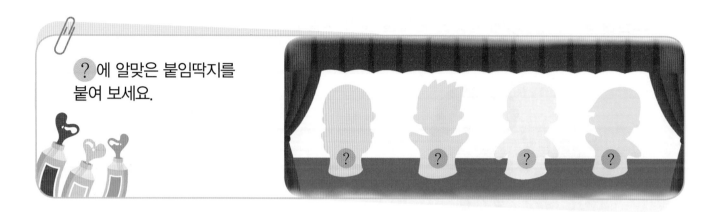

? 에 알맞은 붙임딱지를 붙여 보세요.

친구들은 생일 파티에 누구를 초대하고 싶나요? 그림을 보고, 흐린 색깔의 낱말을 따라 쓰세요. 그리고 큰 목소리로 읽어 보세요.

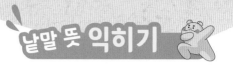 **낱말 뜻 익히기**

 비행기에 쓰여 있는 낱말은 무슨 뜻일까요? 길을 따라 줄을 긋고, 낱말의 뜻을
읽어 보세요.

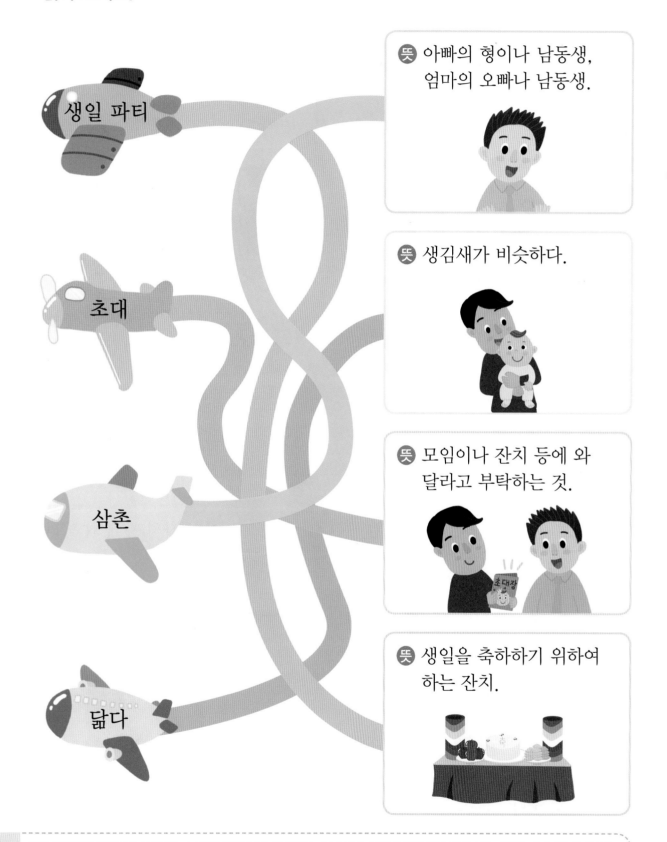

생일 파티

초대

삼촌

닮다

뜻 아빠의 형이나 남동생,
엄마의 오빠나 남동생.

뜻 생김새가 비슷하다.

뜻 모임이나 잔치 등에 와
달라고 부탁하는 것.

뜻 생일을 축하하기 위하여
하는 잔치.

지도 Tip 먼저 아이에게 비행기에 쓰여 있는 낱말을 읽어 보게 해 주세요. 그런 다음 각각의 길을 따라 줄을 긋고, '생일 파티', '초대', '삼촌', '닮다'의 뜻을 소리 내어 읽으면서 익힐 수 있도록 도와주세요.

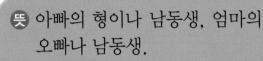

뜻에 알맞은 낱말 알기

[243001-0015]

1 뜻에 알맞은 낱말을 찾아 ◯ 하세요.

뜻 아빠의 형이나 남동생, 엄마의 오빠나 남동생.

오빠!

삼촌   할아버지

아저씨

뜻 생일을 축하하기 위하여 하는 잔치.

운동회   결혼식

생일 파티

뜻 생김새가 비슷하다.

웃다   닮다

예쁘다

뜻 모임이나 잔치 등에 와 달라고 부탁하는 것.

싸움   노래

초대

낱말의 쓰임 알기

[243001-0016]

2 그림을 보고, 알맞은 낱말을 찾아 색칠하세요.

할머니
삼촌

께서는 키가 크세요.

내 생일에 친구를

초대
청소

했어요.

아빠랑 나랑 얼굴이

닮았어요
다쳤어요

.

친구들과

공부
생일 파티

를 해요.

3회
끝!
붙임딱지를
붙이세요.

수록 교과서 수학 1-1
2. 여러 가지 모양

모양을 나타내요

낱말이 쓰여 있는 곳을 예쁘게
색칠해 보세요.

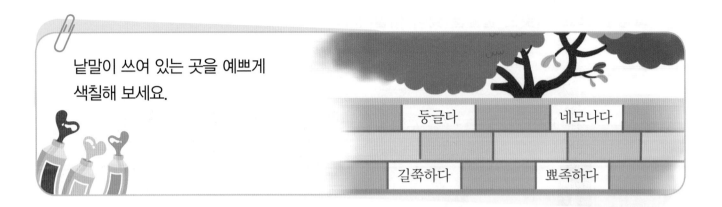

둥글다		네모나다
길쭉하다		뾰족하다

친구들은 어떤 모양으로 로봇을 만들까요? 그림을 보고, 흐린 색깔의 낱말을
따라 쓰세요. 그리고 큰 목소리로 읽어 보세요.

 베개에 쓰여 있는 낱말은 무슨 뜻일까요? 길을 따라 줄을 긋고, 낱말의 뜻을
읽어 보세요.

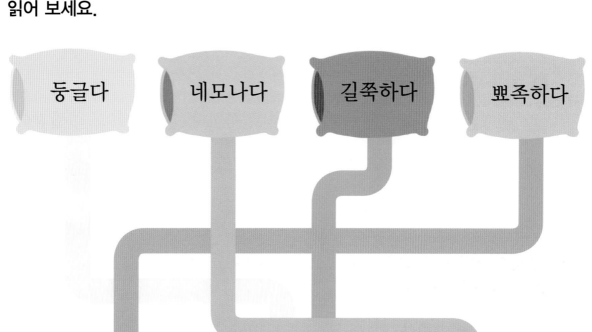

둥글다   네모나다   길쭉하다   뾰족하다

뜻 끝이 가늘고 날카롭다.

뜻 네모 모양으로 생기다.

뜻 동그라미나 공의 모양과
같거나 비슷하다.

뜻 조금 길다.

지도
Tip
먼저 아이에게 베개에 쓰여 있는 낱말을 읽어 보게 해 주세요. 그런 다음 각각의 길을 따라 줄을 긋고, '둥글다', '네모나다', '길쭉하
다', '뾰족하다'의 뜻을 소리 내어 읽으면서 익힐 수 있도록 도와주세요.

낱말 문제 풀기

[243001-0017]

1 뜻에 알맞은 낱말을 찾아 ○ 하세요.

뜻 조금 길다.

길쭉하다   빨갛다

부드럽다

뜻 동그라미나 공의 모양과 같거나 비슷하다.

작다   둥글다

깜깜하다

뜻 끝이 가늘고 날카롭다.

뾰족하다   뚱뚱하다

크다

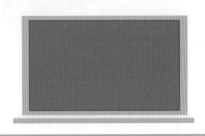

뜻 네모 모양으로 생기다.

짧다   딱딱하다

네모나다

낱말의 쓰임 알기

[243001-0018]

2 그림을 보고, 알맞은 낱말을 찾아 색칠하세요.

형이
네모난
세모난
안경을 썼어요.

주삿바늘의 끝은
납작해요
뾰족해요
.

빵이
짧아요
길쭉해요
.

지구는
둥근
네모난
모양이에요.

4회
끝!
붙임딱지를
붙이세요.

물놀이를 해요

낱말이 쓰여 있는 곳을 예쁘게
색칠해 보세요.

미끄럽다

구명조끼

준비 운동

휴식

물놀이를 할 때 지켜야 할 점을 알아볼까요? 그림을 보고, 흐린 색깔의 낱말을
따라 쓰세요. 그리고 큰 목소리로 읽어 보세요.

구명조끼

준비 운동

30~40분마다
휴식을 해야 해.

구명조끼를
입어야 해.

준비 운동을
하고 들어가자.

바닥이
미끄러워.

휴식

미끄럽다

낱말 뜻 익히기

부채에 쓰여 있는 낱말은 무슨 뜻일까요? 길을 따라 줄을 긋고, 낱말의 뜻을 읽어 보세요.

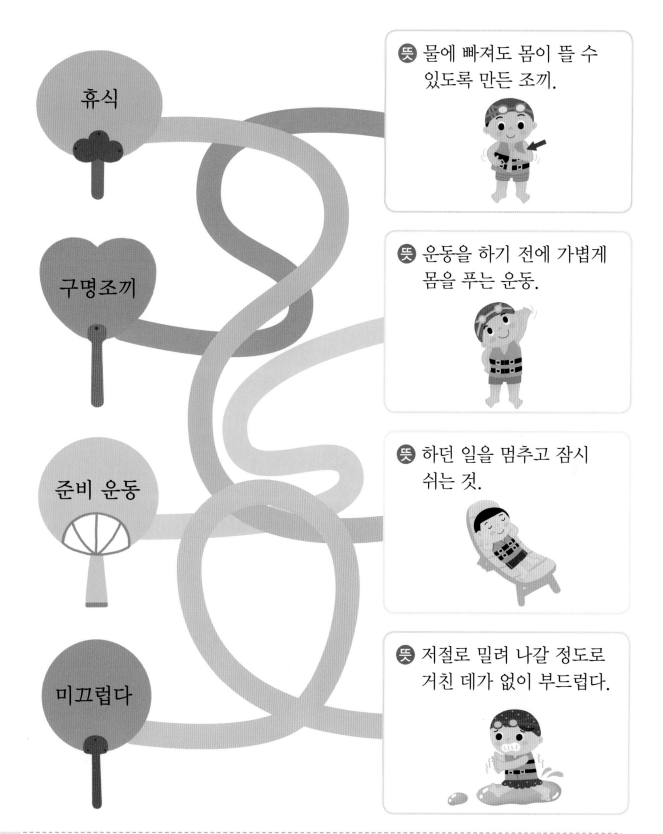

휴식

구명조끼

준비 운동

미끄럽다

뜻 물에 빠져도 몸이 뜰 수 있도록 만든 조끼.

뜻 운동을 하기 전에 가볍게 몸을 푸는 운동.

뜻 하던 일을 멈추고 잠시 쉬는 것.

뜻 저절로 밀려 나갈 정도로 거친 데가 없이 부드럽다.

지도 Tip
먼저 아이에게 부채에 쓰여 있는 낱말을 읽어 보게 해 주세요. 그런 다음 각각의 길을 따라 줄을 긋고, '휴식', '구명조끼', '준비 운동', '미끄럽다'의 뜻을 소리 내어 읽으면서 익힐 수 있도록 도와주세요.

뜻에 알맞은 낱말 알기

[243001-0019]

1 뜻에 알맞은 낱말 붙임딱지를 　　　　에 붙이세요.

> **뜻** 저절로 밀려 나갈 정도로 거친 데가 없이 부드럽다.

> **뜻** 운동을 하기 전에 가볍게 몸을 푸는 운동.

> **뜻** 하던 일을 멈추고 잠시 쉬는 것.

> **뜻** 물에 빠져도 몸이 뜰 수 있도록 만든 조끼.

낱말의 쓰임 알기

[243001-0020]

2 그림을 보고, 알맞은 낱말을 찾아 ○ 하세요.

2 주차
1회
2회
3회
4회
5회

힘들어서 　휴식　／　요리　 중이에요.

　털 조끼　／　구명조끼　 를 입고 물놀이를 해요.

길이 　따뜻해서　／　미끄러워서　 넘어졌어요.

선수들이 　준비 운동　／　수영　 을 해요.

2주차
낱말 놀이 하기

 안의 뜻에 알맞은 낱말이 쓰여 있는 길을 따라가 서커스장까지 가세요.

여우가 비밀번호를 잊어버렸어요. 낱말에 대한 설명이 맞는 번호에 ◯ 하세요.
그리고 ◯ 한 것과 똑같은 붙임딱지를 ？에 차례대로 붙여 보세요.

1

물에 빠져도 몸이 뜰 수
있도록 만든 조끼를
구명조끼라고 해요.

2

끝이 가늘고 날카로운 것을
뾰족하다라고 해요.

3

생일을 축하하기 위하여 하는
잔치를 생일 파티라고 해요.

4

바람과 햇빛이 들어올 수 있게
벽에 만들어 놓은 작은 문을
솥이라고 해요.

5

좋은 일이 생긴 사람에게
기쁜 마음으로 인사하는 것을
축하하다라고 해요

 우리 집 비밀번호는   예요.

3주차 어휘 미리 보기

1회

- 쨍쨍
- 폴짝폴짝
- 쌩쌩
- 뒤뚱뒤뚱

2회

- 이웃
- 정답다
- 도와주다
- 줍다

3회

연습
넘어지다
타다
만들다

4회

무겁다
가볍다
높다
낮다

5회

울긋불긋
주렁주렁
윙윙
멍멍

수록 교과서 국어 1-1 ④
3. 낱말과 친해져요

말이 재미있어요

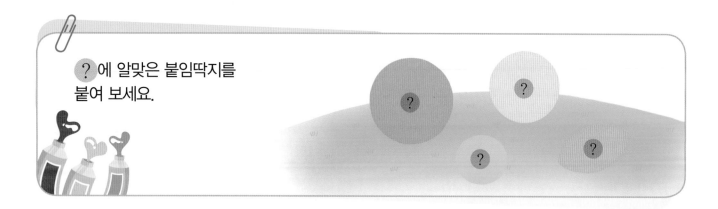

? 에 알맞은 붙임딱지를 붙여 보세요.

소리와 모양을 표현한 말은 재미있어요. 그림을 보고, 흐린 색깔의 낱말을 따라 쓰세요. 그리고 큰 목소리로 읽어 보세요.

낱말 뜻 익히기

우주선에 쓰여 있는 낱말은 무슨 뜻일까요? 길을 따라 줄을 긋고, 낱말의 뜻을 읽어 보세요.

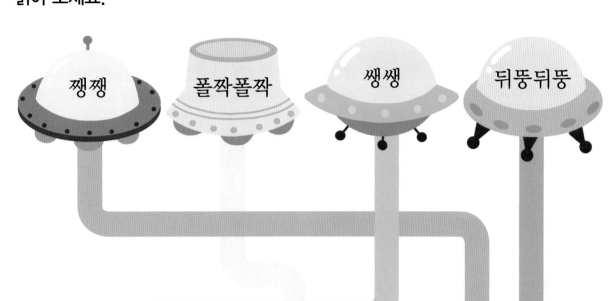

뜻 바람이 계속 세차게 스쳐 지나가는 소리나 모양.

뜻 햇볕이 강하게 내리쬐는 모양.

뜻 가볍고 힘 있게 자꾸 뛰어오르는 모양.

뜻 이쪽저쪽 기울어지며 자꾸 흔들리는 모양.

지도 Tip 소리나 모양을 흉내 내는 말 중 '쨍쨍', '폴짝폴짝', '쌩쌩', '뒤뚱뒤뚱'의 뜻을 익혀 봅니다. 먼저 아이에게 우주선에 쓰여 있는 낱말을 읽어 보게 해 주세요. 그런 다음 각각의 길을 따라 줄을 긋고, 낱말의 뜻을 소리 내어 읽으면서 익힐 수 있도록 도와주세요.

낱말 문제 풀기

뜻에 알맞은 낱말 알기

[243001-0021]

1 뜻에 알맞은 낱말 붙임딱지를 ⬭에 붙이세요.

뜻 바람이 계속 세차게 스쳐 지나가는 소리나 모양.

뜻 가볍고 힘 있게 자꾸 뛰어오르는 모양.

뜻 이쪽저쪽 기울어지며 자꾸 흔들리는 모양.

뜻 햇볕이 강하게 내리쬐는 모양.

낱말의 쓰임 알기

[243001-0022]

2 그림을 보고, 알맞은 낱말을 찾아 ○ 하세요.

3
주차

1회
2회
3회
4회
5회

바람이 $\boxed{\begin{array}{c}\text{냠냠}\\\text{쌩쌩}\end{array}}$ 불어요.

아기가 $\boxed{\begin{array}{c}\text{뒤뚱뒤뚱}\\\text{부릉부릉}\end{array}}$ 걸어요.

신이 나서 $\boxed{\begin{array}{c}\text{소곤소곤}\\\text{폴짝폴짝}\end{array}}$ 뛰어요.

햇볕이 $\boxed{\begin{array}{c}\text{훨훨}\\\text{쨍쨍}\end{array}}$ 내리쬐면 모자를 써요.

1회
끝!
붙임딱지를
붙이세요.

이웃과 함께 살아요

낱말이 쓰여 있는 곳을 예쁘게 색칠해 보세요.

이웃과 정답게 지내나요? 그림을 보고, 흐린 색깔의 낱말을 따라 쓰세요.
그리고 큰 목소리로 읽어 보세요.

낱말 뜻 익히기

버섯에 쓰여 있는 낱말은 무슨 뜻일까요? 길을 따라 줄을 긋고, 낱말의 뜻을 읽어 보세요.

이웃

정답다

도와주다

줍다

뜻 따뜻하고 친한 느낌이 있다.

뜻 바닥에 떨어져 있는 것을 집다.

뜻 우리 집과 가까운 집에 사는 사람.

뜻 다른 사람의 일을 함께 해 주다.

지도 Tip 먼저 아이에게 버섯에 쓰여 있는 낱말을 읽어 보게 해 주세요. 그런 다음 각각의 길을 따라 줄을 긋고, '이웃', '정답다', '도와주다', '줍다'의 뜻을 소리 내어 읽으면서 익힐 수 있도록 도와주세요.

뜻에 알맞은 낱말 알기

[243001-0023]

1 뜻에 알맞은 낱말 붙임딱지를 ___에 붙이세요.

뜻 다른 사람의 일을 함께 해 주다.

뜻 우리 집과 가까운 집에 사는 사람.

뜻 따뜻하고 친한 느낌이 있다.

뜻 바닥에 떨어져 있는 것을 집다.

낱말의 쓰임 알기

2 [243001-0024]
그림을 보고, 알맞은 낱말을 찾아 색칠하세요.

아빠와 엄마께서
| 정답게 |
| 무섭게 |
걸으세요.

땅에 떨어져 있는 밤을
| 구워요 |
| 주워요 |
.

친구가 일어날 수 있게
| 도와주어요 |
| 빌려주어요 |
.

| 인형 |
| 이웃 |
과 음식을 나누어 먹어요.

있었던 일을 말해요

낱말이 쓰여 있는 곳을 예쁘게 색칠해 보세요.

연습
타다
넘어지다
만들다

 어제 친구들에게 어떤 일이 있었을까요? 그림을 보고, 흐린 색깔의 낱말을 따라 쓰세요. 그리고 큰 목소리로 읽어 보세요.

연 습

줄넘기 연습을 하다가 넘어졌어요.

자전거를 탔어요.

찰흙으로 토끼를 만들었어요.

넘어지다 타다 만들다

 낱말 뜻 익히기

사탕에 쓰여 있는 낱말은 무슨 뜻일까요? 길을 따라 줄을 긋고, 낱말의 뜻을 읽어 보세요.

연습

넘어지다

타다

만들다

뜻 자동차, 말 등에 몸을 얹다.

뜻 힘을 들여 물건을 생기게 하다.

뜻 잘할 수 있도록 계속해서 익힘.

뜻 서 있다가 쓰러지다.

지도 Tip 먼저 아이에게 사탕에 쓰여 있는 낱말을 읽어 보게 해 주세요. 그런 다음 각각의 길을 따라 줄을 긋고, '연습', '넘어지다', '타다', '만들다'의 뜻을 소리 내어 읽으면서 익힐 수 있도록 도와주세요.

뜻에 알맞은 낱말 알기

[243001-0025]

1 뜻에 알맞은 낱말을 찾아 ◯ 하세요.

뜻 서 있다가 쓰러지다.

앉다　　달리다

넘어지다

뜻 힘을 들여 물건을 생기게 하다.

만들다　　버리다

숨기다

뜻 자동차, 말 등에 몸을 얹다.

심다　　타다

보다

뜻 잘할 수 있도록 계속해서 익힘.

구경　　연습

장난

3
주차

1회
2회
3회
4회
5회

낱말의 쓰임 알기

[243001-0026]

2 그림을 보고, _____에 알맞은 낱말 붙임딱지를 붙이세요.

아빠께서 상자로

로봇을 _____.

기차를 _____ 여행 가요.

장난감에 발이 걸려 _____.

축구 _____ 을 열심히 해요.

3회
끝!
붙임딱지를
붙이세요.

3주차 4회

무게와 높이를 나타내요

낱말이 쓰여 있는 곳을 예쁘게 색칠해 보세요.

가볍다 높다 무겁다 낮다

무게와 높이는 어떤 말로 나타낼까요? 그림을 보고, 흐린 색깔의 낱말을 따라 쓰세요. 그리고 큰 목소리로 읽어 보세요.

무 겁 다   가 볍 다

높 다   낮 다

 열기구에 쓰여 있는 낱말은 무슨 뜻일까요? 길을 따라 줄을 긋고, 낱말의 뜻을 읽어 보세요.

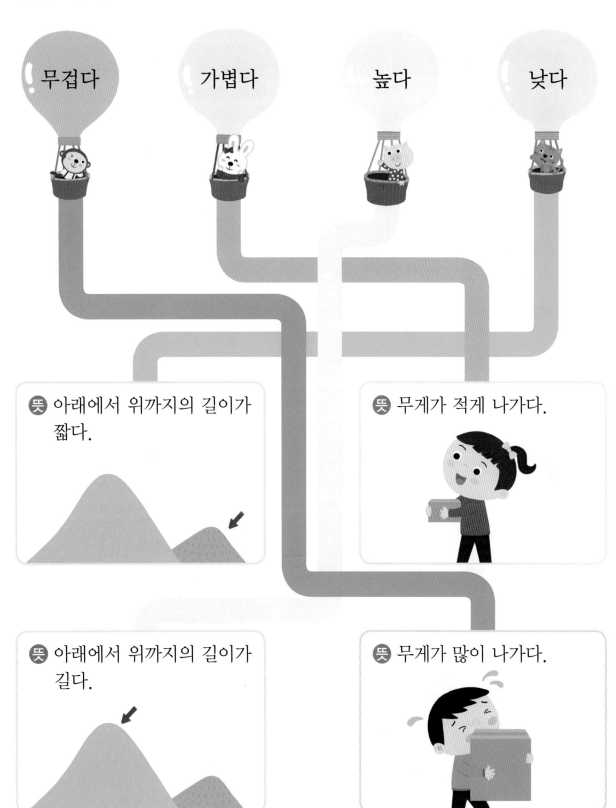

지도
Tip
무게와 높이를 나타내는 말의 뜻을 익혀 봅니다. 먼저 아이에게 열기구에 쓰여 있는 낱말을 읽어 보게 해 주세요. 그런 다음 각각의
길을 따라 줄을 긋고, '무겁다', '가볍다', '높다', '낮다'의 뜻을 소리 내어 읽으면서 익힐 수 있도록 도와주세요.

뜻에 알맞은 낱말 알기

[243001-0027]

1 뜻에 알맞은 낱말 붙임딱지를  에 붙이세요.

뜻 아래에서 위까지의 길이가 짧다.

뜻 아래에서 위까지의 길이가 길다.

뜻 무게가 많이 나가다.

뜻 무게가 적게 나가다.

낱말의 쓰임 알기

[243001-0028]

2 그림을 보고, 알맞은 낱말을 찾아 ◯ 하세요.

도시에는 　높은　 　빨간　 건물이 많아요.

책꽂이가 　빨라서　 　낮아서　 책을 꽂기가 편해요.

　무거운　 　달콤한　 바위를 번쩍 들어요.

풍선은 　가벼워서　 　가까워서　 물에 떠요.

가을을 느껴요

낱말이 쓰여 있는 곳을 예쁘게
색칠해 보세요.

주렁주렁	울긋불긋	윙윙	멍멍

 친구들이 가을날에 놀러 나왔어요. 그림을 보고, 흐린 색깔의 낱말을 따라 쓰세요.
그리고 큰 목소리로 읽어 보세요.

낱말 뜻 익히기

팻말에 쓰여 있는 낱말은 무슨 뜻일까요? 길을 따라 줄을 긋고, 낱말의 뜻을 읽어 보세요.

울긋불긋

주렁주렁

윙윙

멍멍

뜻 열매가 많이 달려 있는 모양.

뜻 개가 짖는 소리.

뜻 여러 가지 색깔이 한곳에 뒤섞여 있는 모양.

뜻 벌 등의 곤충이 빠르게 날아가는 소리.

지도 Tip 소리나 모양을 흉내 내는 말 중 '울긋불긋', '주렁주렁', '윙윙', '멍멍'의 뜻을 익혀 봅니다. 먼저 아이에게 팻말에 쓰여 있는 낱말을 읽어 보게 해 주세요. 그런 다음 각각의 길을 따라 줄을 긋고, 낱말의 뜻을 소리 내어 읽으면서 익힐 수 있도록 도와주세요.

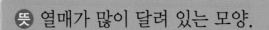

낱말 문제 풀기

뜻에 알맞은 낱말 알기

[243001-0029]

1 뜻에 알맞은 낱말을 찾아 색칠하세요.

> 뜻 열매가 많이 달려 있는 모양.

파릇파릇   주렁주렁

엉금엉금

> 뜻 여러 가지 색깔이 한곳에 뒤섞여 있는 모양.

대롱대롱   끄덕끄덕

울긋불긋

> 뜻 개가 짖는 소리.

멍멍   짹짹

음매

> 뜻 벌 등의 곤충이 빠르게 날아가는 소리.

땡땡   윙윙

깔깔

낱말의 쓰임 알기

2 [243001-0030]
그림을 보고, 알맞은 낱말을 찾아 ◯ 하세요.

공원에 울긋불긋 / 깡충깡충 꽃이 피었어요.

개가 빙빙 / 멍멍 짖어서 깜짝 놀랐어요.

포도가 주렁주렁 / 살랑살랑 열렸어요.

벌들이 쾅쾅 / 윙윙 날아다녀요.

5회
끝!
붙임딱지를
붙이세요.

□ 에 알맞은 낱말이 되도록 글자를 ⌒로 묶으세요.

보 기

잘할 수 있도록 계속해서 익히는
것을 □□ 이라고 해요.

자

(연 습)

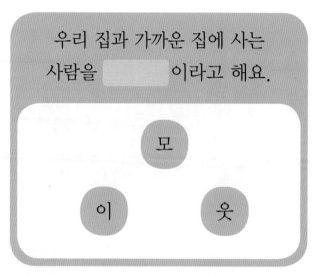

우리 집과 가까운 집에 사는
사람을 □□ 이라고 해요.

모

이   웃

자동차, 말 등에 몸을 얹는 것을
□□ 라고 해요.

타

다   먹

바닥에 떨어져 있는 것을
집는 것을 □□ 라고 해요.

날

줍   다

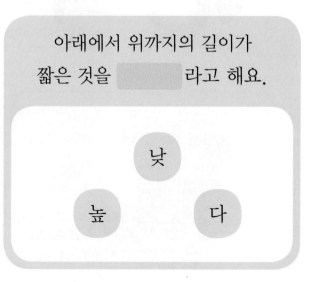

아래에서 위까지의 길이가
짧은 것을 □□ 라고 해요.

낮

높   다

안의 뜻에 알맞은 낱말이 쓰여 있는 길을 따라가 할머니네 집까지 가세요.

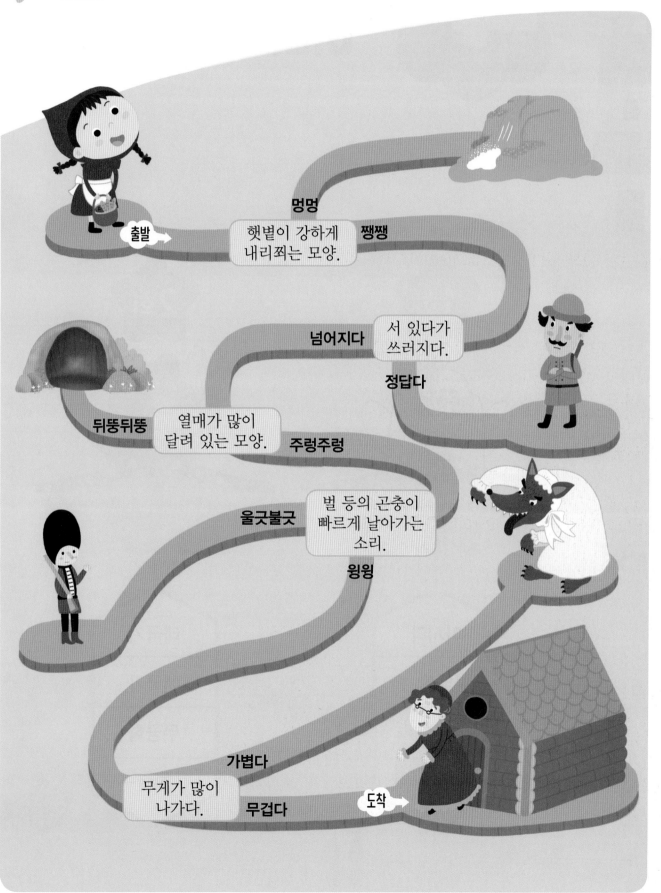

4주차 어휘 미리 보기

마시다

낮잠

세수

따다

태극기

애국가

무궁화

한글

3회

한복
밝다
송편
햇과일

4회

우주 탐험
만화 영화
상상
재미있다

5회

교무실
교실
운동장
보건실

그림을 보고 말해요

낱말이 쓰여 있는 곳을 예쁘게
색칠해 보세요.

동물들이 무엇을 하는지 살펴볼까요? 그림을 보고, 흐린 색깔의 낱말을 따라
쓰세요. 그리고 큰 목소리로 읽어 보세요.

토끼는 주스를 마시고,
곰은 낮잠을 자요.

고양이는
세수를 하고,
악어는 딸기를 따요.

마	시	다

세	수

낮	잠

따	다

낱말 뜻 익히기

 화분에 쓰여 있는 낱말은 무슨 뜻일까요? 길을 따라 줄을 긋고, 낱말의 뜻을 읽어 보세요.

마시다

낮잠

세수

따다

뜻 붙어 있는 것을 잡아서 떼다.

뜻 낮에 자는 잠.

뜻 물, 우유 같은 것을 목구멍으로 넘기다.

뜻 물로 손이나 얼굴을 씻음.

지도 Tip 먼저 아이에게 화분에 쓰여 있는 낱말을 읽어 보게 해 주세요. 그런 다음 각각의 길을 따라 줄을 긋고, '마시다', '낮잠', '세수', '따다'의 뜻을 소리 내어 읽으면서 익힐 수 있도록 도와주세요.

뜻에 알맞은 낱말 알기

1 [243001-0031]

뜻에 알맞은 낱말을 찾아 ○ 하세요.

뜻 낮에 자는 잠.

춤   낮잠

잠옷

뜻 물로 손이나 얼굴을 씻음.

정리   세수

빨래

뜻 붙어 있는 것을 잡아서 떼다.

담다   입다

따다

뜻 물, 우유 같은 것을 목구멍으로 넘기다.

마시다   자르다

그리다

낱말의 쓰임 알기

2 [243001-0032]

그림을 보고, ⬜⬜에 알맞은 낱말 붙임딱지를 붙이세요.

민규가 우유를 ⬜⬜⬜ .

호준이가 사과를 ⬜⬜⬜ .

언니가 ⬜⬜⬜ 를 해요.

할머니께서 ⬜⬜⬜ 을 주무세요.

우리나라를 나타내요

낱말이 쓰여 있는 곳을 예쁘게
색칠해 보세요.

태극기   한글   애국가   무궁화

우리나라를 잘 나타내는 것을 알아볼까요? 그림을 보고, 흐린 색깔의 낱말을 따라
쓰세요. 그리고 큰 목소리로 읽어 보세요.

태 극 기

동해 물과
백두산이

태극기가 올라가고,
애국가가 울려
퍼지니까 기뻐요.

애 국 가

무 궁 화

한 글

무궁화가
활짝 피었네.

집에 가자.
한글 공부할
시간이야.

복주머니에 쓰여 있는 낱말은 무슨 뜻일까요? 길을 따라 줄을 긋고, 낱말의 뜻을 읽어 보세요.

태극기   애국가   무궁화   한글

뜻 우리나라 글자의 이름.

뜻 우리나라를 나타내는 꽃.

뜻 우리나라를 나타내는 노래.

♪ 동해 물과 백두산이 마르고 닳도록
♪ 하느님이 보우하사 우리나라 만세 ♪

뜻 우리나라를 나타내는 국기.

지도 Tip 우리나라를 잘 나타내는 낱말 중 '태극기', '애국가', '무궁화', '한글'의 뜻을 익혀 봅니다. 먼저 아이에게 복주머니에 쓰여 있는 낱말을 읽어 보게 해 주세요. 그런 다음 각각의 길을 따라 줄을 긋고, 낱말의 뜻을 소리 내어 읽으면서 익힐 수 있도록 도와주세요.

뜻에 알맞은 낱말 알기

1 [243001-0033]

뜻에 알맞은 낱말을 찾아 줄로 이으세요.

뜻 우리나라 글자의 이름.

★

★ 무궁화

뜻 우리나라를 나타내는 꽃.

★

★ 한글

뜻 우리나라를 나타내는 국기.

★

★ 애국가

뜻 우리나라를 나타내는 노래.

무궁화 삼천리 화려 강산
대한 사람 대한으로 길이 보전하세

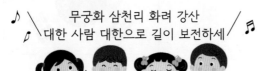

★

★ 태극기

낱말의 쓰임 알기

[243001-0034]

2 그림을 보고, ▨▨▨ 에 알맞은 낱말 붙임딱지를 붙이세요.

▨▨▨▨ 앞에서 사진을 찍어요.

사람들이 ▨▨▨▨ 를 불러요.

▨▨▨▨ 를 흔들며 우리나라 선수를 응원해요.

공책에 ▨▨▨▨ 을 쓰며 공부해요.

2회
끝!
붙임딱지를
붙이세요.

추석은 즐거워요

낱말이 쓰여 있는 곳을 예쁘게
색칠해 보세요.

친구들은 추석에 무엇을 하나요? 그림을 보고, 흐린 색깔의 낱말을 따라 쓰세요.
그리고 큰 목소리로 읽어 보세요.

낱말 뜻 익히기

나뭇잎에 쓰여 있는 낱말은 무슨 뜻일까요? 길을 따라 줄을 긋고, 낱말의 뜻을 읽어 보세요.

한복

밝다

송편

햇과일

뜻 빛이 환하다.

뜻 우리나라에서 옛날부터 입던 옷.

뜻 그해에 새로 난 과일.

뜻 쌀가루를 반죽해 반달 모양으로 만들어 찐 떡.

지도 Tip 추석과 관련 있는 낱말의 뜻을 익혀 봅니다. 먼저 아이에게 나뭇잎에 쓰여 있는 낱말을 읽어 보게 해 주세요. 그런 다음 각각의 길을 따라 줄을 긋고, '한복', '밝다', '송편', '햇과일'의 뜻을 소리 내어 읽으면서 익힐 수 있도록 도와주세요.

뜻에 알맞은 낱말 알기

1 [243001-0035]

뜻에 알맞은 낱말을 찾아 줄로 이으세요.

뜻 우리나라에서 옛날부터 입던 옷.

이번 추석에 입으렴.

뜻 그해에 새로 난 과일.

올해 나온 과일이에요.

과일

★   ★

★   ★   ★   ★

밝다   한복   햇과일   송편

★   ★   ★   ★

★   ★

뜻 빛이 환하다.

뜻 쌀가루를 반죽해 반달 모양으로 만들어 찐 떡.

낱말의 쓰임 알기

2 [243001-0036]

그림을 보고, ▨▨▨에 알맞은 낱말 붙임딱지를 붙이세요.

▨▨▨▨은 추석에 먹는

떡이에요.

전등이 너무 ▨▨▨▨ 눈이

부셔요.

추석에 저 옷을
입고 싶어요.

▨▨▨▨을 사러 옷 가게에

갔어요.

올해 가을에
딴 과일이네!

삼촌께서 ▨▨▨▨을

추석 선물로 보내셨어요.

3회
끝!
붙임딱지를
붙이세요.

우주를 탐험하고 싶어요

낱말이 쓰여 있는 곳을 예쁘게
색칠해 보세요.

상상   재미있다

우주 탐험   만화 영화

상상의 나라로 떠나 볼까요? 그림을 보고, 흐린 색깔의 낱말을 따라 쓰세요.
그리고 큰 목소리로 읽어 보세요.

재 미 있 다

엄청 재미있겠다.

우주 탐험!
상상만 해도
신나.

우주 탐험을 하는
만화 영화를 보자.

우 주 탐 험

만 화 영 화

상 상

낱말 뜻 익히기

 가방에 쓰여 있는 낱말은 무슨 뜻일까요? 길을 따라 줄을 긋고, 낱말의 뜻을 읽어 보세요.

우주 탐험

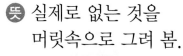 뜻 실제로 없는 것을 머릿속으로 그려 봄.

만화 영화

뜻 우주선 등을 타고 해와 달, 별이 있는 넓은 곳을 살펴보는 것.

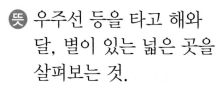

상상

뜻 기분이 좋고 즐겁다.

엄청 재미있겠다.

재미있다

뜻 만화를 카메라로 찍어서 움직이는 영화로 만든 것.

지도 Tip 먼저 아이에게 가방에 쓰여 있는 낱말을 읽어 보게 해 주세요. 그런 다음 각각의 길을 따라 줄을 긋고, '우주 탐험', '만화 영화', '상상', '재미있다'의 뜻을 소리 내어 읽으면서 익힐 수 있도록 도와주세요.

뜻에 알맞은 낱말 알기

1 [243001-0037]

뜻에 알맞은 낱말 붙임딱지를 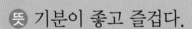 에 붙이세요.

뜻 실제로 없는 것을 머릿속으로 그려 봄.

뜻 만화를 카메라로 찍어서 움직이는 영화로 만든 것.

뜻 기분이 좋고 즐겁다.

뜻 우주선 등을 타고 해와 달, 별이 있는 넓은 곳을 살펴보는 것.

낱말의 쓰임 알기

2 [243001-0038]

그림을 보고, 알맞은 낱말을 찾아 색칠하세요.

극장에서

만화 영화
운동 경기

를 봐요.

꿈속에서

숨바꼭질
우주 탐험

을 했어요.

경찰관이 된 내 모습을

상상
양보

해요.

친구들과

슬프게
재미있게

놀아요.

4회
끝!
붙임딱지를
붙이세요.

학교를 구경해요

낱말이 쓰여 있는 곳을 예쁘게 색칠해 보세요.

교무실   보건실

운동장   교실

학교를 구경해 볼까요? 그림을 보고, 흐린 색깔의 낱말을 따라 쓰세요. 그리고 큰 목소리로 읽어 보세요.

낱말 뜻 익히기

공책에 쓰여 있는 낱말은 무슨 뜻일까요? 길을 따라 줄을 긋고, 낱말의 뜻을 읽어 보세요.

교무실　　교실　　운동장　　보건실

뜻 운동 경기를 할 수 있게 만든 넓고 평평한 땅.

뜻 선생님들께서 학교 일을 하시는 방.

뜻 학교에서 아픈 사람을 보살피는 방.

뜻 학교에서 선생님께서 학생들을 가르치시는 방.

지도 Tip 학교에 있는 장소 중 '교무실', '교실', '운동장', '보건실'의 뜻을 익혀 봅니다. 먼저 아이에게 공책에 쓰여 있는 낱말을 읽어 보게 해 주세요. 그런 다음 각각의 길을 따라 줄을 긋고, 낱말의 뜻을 소리 내어 읽으면서 익힐 수 있도록 도와주세요.

뜻에 알맞은 낱말 알기

1 [243001-0039]

뜻에 알맞은 낱말을 찾아 ◯ 하세요.

뜻 운동 경기를 할 수 있게 만든 넓고 평평한 땅.

시장　　　수영장

운동장

뜻 학교에서 선생님께서 학생들을 가르치시는 방.

복도　　　계단

교실

뜻 학교에서 아픈 사람을 보살피는 방.

약국　　　보건실

화장실

뜻 선생님들께서 학교 일을 하시는 방.

교무실　　　도서관

미용실

낱말의 쓰임 알기

[243001-0040]

2 그림을 보고, ⬜에 알맞은 낱말 붙임딱지를 붙이세요.

학교에 가면 ⬜ 에서 공부를 해요.

학교 ⬜ 에서는 축구를 할 수 있어요.

선생님들께서는 ⬜ 에서 일을 하세요.

학교에서 넘어져 무릎을 다치면 ⬜ 에 가요.

5회
끝!
붙임딱지를
붙이세요.

 곰이 좋아하는 과일은 무엇일까요? 낱말에 대한 설명이 맞는 카드의 과일에 모두 ◯ 하세요. 그리고 ◯ 한 과일과 똑같은 붙임딱지를 ❓ 에 붙여 보세요.

낮잠은 낮에 자는 잠이에요.

교실은 운동 경기를 할 수 있게 만든 넓고 평평한 땅이에요.

태극기는 우리나라를 나타내는 노래예요.

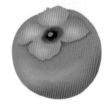

세수는 물로 손이나 얼굴을 씻는 것이에요.

재미있다는 기분이 슬픈 것이에요.

송편은 쌀가루를 반죽해 반달 모양으로 만들어 찐 떡이에요.

 내가 좋아하는 과일은   예요.

에 알맞은 낱말이 있는 곳을 아래 그림에서 찾아 색칠하고, 어떤 모양이 나오는지 말해 보세요.

① 우리나라 글자의 이름은 ⬚ 이에요.

② 우리나라를 나타내는 꽃은 ⬚ 예요.

③ 그해에 새로 난 과일을 ⬚ 이라고 해요.

④ 우리나라에서 옛날부터 입던 옷은 ⬚ 이에요.

⑤ 붙어 있는 것을 잡아서 떼는 것을 ⬚ 라고 해요.

⑥ 학교에서 아픈 사람을 보살피는 방을 ⬚ 이라고 해요.

⑦ 실제로 없는 것을 머릿속으로 그려 보는 것을 ⬚ 이라고 해요.

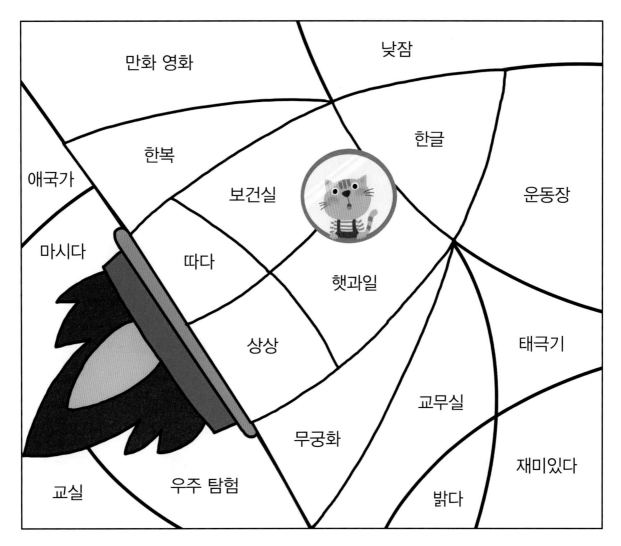

국어 교과서에 나오는 낱말 모음

고맙다	공원
낮잠	넘어지다
놀이터	도서관
뒤뚱뒤뚱	따다
마시다	만들다

모음자

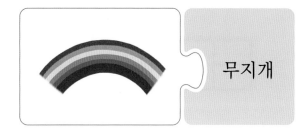

무지개

미안하다

반갑다

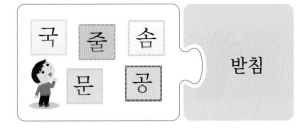

받침

세수

솥

쌩쌩

연습

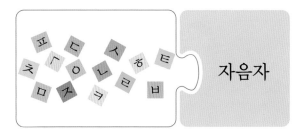

자음자

정류장

쨍쨍

국어 교과서에 나오는 **낱말 모음**

(창문 그림)	창
(채소 그림)	채소
(축하 그림)	축하하다
(자전거 타는 그림)	타다
(메뚜기 그림)	폴짝폴짝
(화분 그림)	화분

학교·사람들·우리나라·탐험 교과서에 나오는 **낱말 모음**

(다리 건너는 그림)	건너다
(교무실 그림)	교무실
(교실 그림)	교실
(구명조끼 그림)	구명조끼

놀다	닮다
도와주다	만화 영화
멈추다	멍멍
무궁화	미끄럽다
밝다	보건실
사이좋다	삼촌

오빠!

상상	생일 파티
송편	신호등
애국가	약속
우주 탐험	운동장
울긋불긋	윙윙
이웃	재미있다

정답다

주렁주렁

준비 운동

줍다

초대

친구

태극기

한글

한복

햇과일

횡단보도

휴식

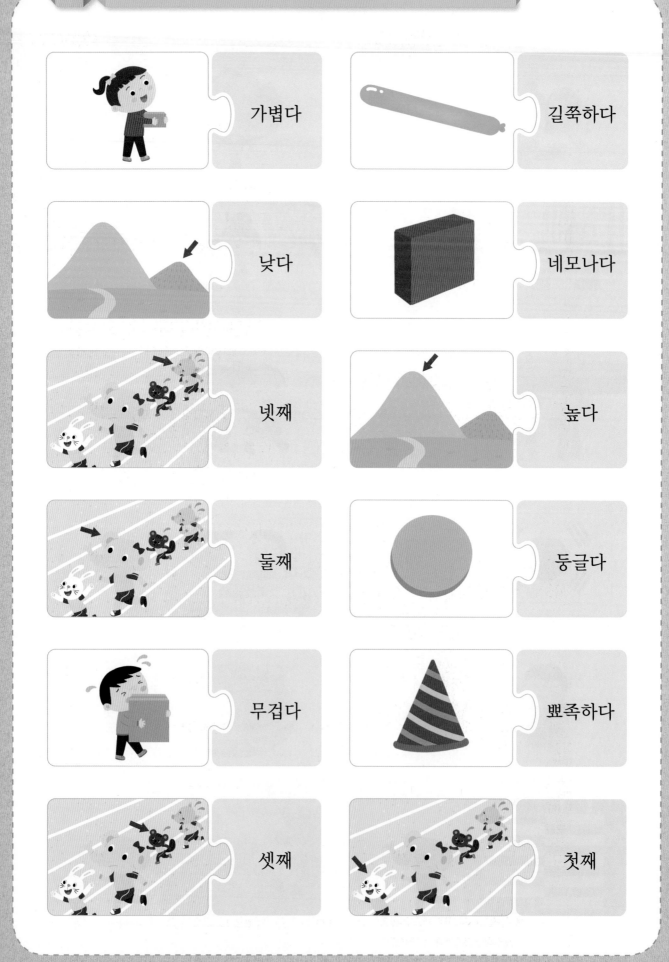

가볍다

길쭉하다

낮다

네모나다

넷째

높다

둘째

둥글다

무겁다

뾰족하다

셋째

첫째

1주차

P단계

어휘 다시 보기

1주차에서는 어떤 낱말을 공부했을까요?
학습 카드를 보면서 공부한 낱말을
떠올려 보세요.

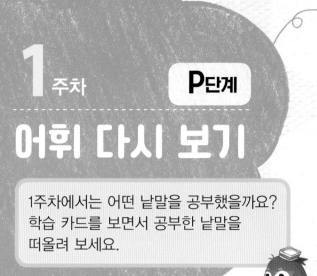

1주차 1회

사이좋다 놀다

우리 사이좋게 지내자.

날마다 함께 놀자.

친구끼리 약속도 잘 지켜야지.

맛있는 도넛

친구   약속

1주차 2회

놀이터   공원

나는 놀이터에 가는 길이야.

공원에서 공놀이한 뒤에 도서관에 가야지.

나는 버스 타러 정류장에 가.

버스

정류장   도서관

1주차 3회

채소   무지개

자음자와 모음자가 만나면 글자가 돼.

채소와 무지개 글자를 만들어 보자.

자음자   모음자

1주차 4회

첫째 둘째

매표소

야호, 내가 첫째로 줄을 섰다!

나는 둘째야.

나는 셋째야.

나는 넷째구나!

셋째 넷째

1주차 5회

횡단보도 앞에서는 우선 멈추어야 해.

신호등에 초록불이 켜지면 건너자.

건너다   신호등

멈추다

횡단보도

2주차 1회

반 갑 다　미 안 하 다

축 하 하 다　고 맙 다

2주차 2회

솥

창

받 침　화 분

2주차 3회

생 일 파 티
초 대

닮 다

삼 촌

2주차 4회

둥 글 다　네 모 나 다

길 쭉 하 다　뾰 족 하 다

2주차 5회

구 명 조 끼　준 비 운 동

휴 식　미 끄 럽 다

문·해·력·은 EBS

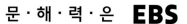

당신의 문해력

초등

어휘가 문해력이다

P단계

예비 초등 교과서 어휘 완성

 정답과 해설
보기 & 다운로드

정답과 해설

1주차 정답과 해설

본문 12쪽

? 에 알맞은 붙임딱지를 붙여 보세요.

놀다
약속
사이좋다
친구

본문 16쪽

낱말이 쓰여 있는 곳을 예쁘게 색칠해 보세요.

공원
정류장
놀이터
도서관

본문 20쪽

낱말이 쓰여 있는 곳을 예쁘게 색칠해 보세요.

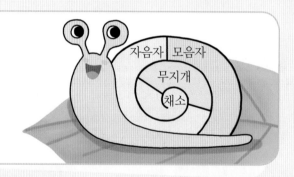

자음자 모음자
무지개
채소

본문 24쪽

? 에 알맞은 붙임딱지를 붙여 보세요.

첫째
둘째
셋째
넷째

본문 28쪽

낱말이 쓰여 있는 곳을 예쁘게 색칠해 보세요.

신호등
횡단보도
멈추다
건너다

1 뜻에 알맞은 낱말을 찾아 색칠하세요.
[243001-0001]

뜻 다른 사람과 어떤 일을 하기로 미리 정하는 것.

| 대답 | 부탁 |
| 약속 | |

해설 | '대답'은 부르는 말이나 묻는 것 등에 대해 어떤 말을 하는 것을 뜻하고, '부탁'은 어떤 일을 해 달라고 하는 것을 뜻합니다.

뜻 서로 친하게 지내는 사람.

| 친구 | 가수 |
| 손님 | |

해설 | '가수'는 노래하는 일을 하는 사람을 뜻하고, '손님'은 다른 곳에서 찾아온 사람을 뜻합니다.

뜻 다투지 않고 서로 친하다.

| 싫다 | 사이좋다 |
| 심심하다 | |

해설 | '싫다'는 "마음에 들지 않다."라는 뜻이고, '심심하다'는 "하는 일이 없어 재미가 없다."라는 뜻입니다.

뜻 재미있는 일을 하며 즐겁게 지내다.

| 먹다 | 쉬다 |
| 놀다 | |

해설 | '먹다'는 "음식을 입을 통해 배 속에 들여보내다."라는 뜻이고, '쉬다'는 "피로를 풀려고 몸을 편안히 하다."라는 뜻입니다.

2 그림을 보고, ☐에 알맞은 낱말 붙임딱지를 붙이세요.
[243001-0002]

동생과 │사이좋게│ 블록을 쌓아요.

해설 | 동생과 다투지 않고 정답게 블록을 쌓는 모습이므로 '사이좋게'가 알맞습니다.

내일 놀이공원에 놀러 가기로 │약속│ 해요.

해설 | 아빠와 아이가 내일 놀이공원에 놀러 가자고 미리 정하는 모습이므로 '약속'이 알맞습니다.

미끄럼틀에서 미끄럼을 타고 │놀아요│.

해설 | 아이들이 미끄럼틀에서 미끄럼을 타고 즐겁게 시간을 보내는 모습이므로 '놀아요'가 알맞습니다.

나와 윤아는 같은 유치원에 다니는 │친구│예요.

해설 | 남자아이와 여자아이가 같은 유치원에 다니고 서로 친한 모습이므로 '친구'가 알맞습니다.

1 뜻에 알맞은 낱말을 찾아 ◯ 하세요.
[243001-0003]

뜻 버스나 택시가 사람을 태우거나 내려 주려고 멈추는 곳.

| 학교 | 슈퍼마켓 |
| 정류장 | |

뜻 책을 많이 모아 두고 사람들이 볼 수 있게 해 놓은 곳.

| 병원 | 도서관 |
| | 동물원 |

뜻 사람들이 쉬거나 놀 수 있게 풀밭, 나무, 꽃 등을 가꾸어 놓은 곳.

| 식당 | 공원 |
| 약국 | |

뜻 아이들이 놀 수 있게 만든 곳.

| 영화관 | 경찰서 |
| | 놀이터 |

2 그림을 보고, 알맞은 낱말을 찾아 색칠하세요.
[243001-0004]

선우가 │공원 / 병원│에서 자전거를 타요.

해설 | 사람들이 벤치에 앉아 쉬거나 산책하는 모습이므로 '공원'이 알맞습니다.

민지가 │빵집 / 도서관│에서 책을 읽어요.

해설 | 아이들이 책을 고르거나 읽는 모습이므로 '도서관'이 알맞습니다.

인규가 │정류장 / 소방서│에서 버스를 기다려요.

해설 | 도로에 차들이 달리고 '버스'라고 쓰인 표지판이 있는 모습이므로 '정류장'이 알맞습니다.

현이가 │서점 / 놀이터│에서 그네를 타요.

해설 | 아이들이 그네를 타거나 미끄럼틀에서 미끄럼을 타며 노는 모습이므로 '놀이터'가 알맞습니다.

1 [243001-0005]
뜻에 알맞은 낱말을 찾아 줄로 이으세요.

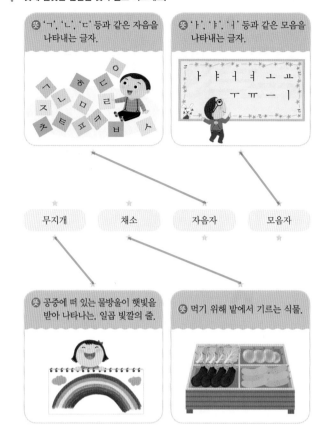

뜻 'ㄱ', 'ㄴ', 'ㄷ' 등과 같은 자음을 나타내는 글자.

뜻 'ㅏ', 'ㅑ', 'ㅓ' 등과 같은 모음을 나타내는 글자.

무지개 　　채소 　　자음자 　　모음자

뜻 공중에 떠 있는 물방울이 햇빛을 받아 나타나는, 일곱 빛깔의 줄.

뜻 먹기 위해 밭에서 기르는 식물.

2 [243001-0006]
그림을 보고, ▨에 알맞은 낱말을 찾아 색칠하세요.

공책에 ▨ 를 써요.

자음자	모음자	모자

해설 | 아이가 공책에 쓰고 있는 것은 모음자이므로 '모음자'가 알맞습니다.

색종이에 쓰여 있는 ▨ 를 오려요.

자음자	모음자	사자

해설 | 아이가 가위로 오리는 것은 자음자이므로 '자음자'가 알맞습니다.

▨ 가게에서 배추를 사요.

옷	생선	채소

해설 | 가게에 여러 가지 채소가 있고 배추는 채소의 한 종류이므로 '채소'가 알맞습니다.

비가 그치고 하늘에 ▨ 가 떴어요.

새	무지개	비행기

해설 | 아이가 비 갠 하늘에 떠 있는 무지개를 바라보는 모습이므로 '무지개'가 알맞습니다.

1 [243001-0007]
뜻에 알맞은 낱말을 찾아 줄로 이으세요.

뜻 순서가 가장 먼저인 것. ―― 둘째

뜻 순서가 첫째 다음인 것. ―― 넷째

뜻 순서가 둘째 다음인 것. ―― 첫째

뜻 순서가 셋째 다음인 것. ―― 셋째

2 [243001-0008]
그림을 보고, ▨에 알맞은 낱말 붙임딱지를 붙이세요.

돼지는 앞에서부터 ┃ 넷째 ┃로 달려요.

토끼는 앞에서부터 ┃ 첫째 ┃로 달려요.

코끼리는 앞에서부터 ┃ 둘째 ┃로 달려요.

다람쥐는 앞에서부터 ┃ 셋째 ┃로 달려요.

해설 | 앞에서부터 토끼가 첫째로 달리고, 코끼리가 둘째로 달리고 있습니다. 그리고 다람쥐가 셋째로 달리고, 돼지가 넷째로 달리고 있습니다.

1 [243001-0009]
뜻에 알맞은 낱말 붙임딱지를 에 붙이세요.

뜻 하던 동작을 그치게 하다.

뜻 무엇을 넘거나 지나서 맞은편으로 가다.

 멈추다

 건너다

뜻 사람이 건너다닐 수 있도록 찻길에 표시해 놓은 길.

뜻 차나 사람이 지나다니는 것을 알리는 장치.

횡단보도

 신호등

2 [243001-0010]
그림을 보고, 알맞은 낱말을 찾아 ◯ 하세요.

가로등 / (신호등) 이 초록불일 때 건너요.

해설 | 차나 사람이 지나다니는 것을 알리는 장치인 '신호등'이 알맞습니다.

돌다리 / (횡단보도) 에서 장난치면 위험해요.

해설 | 아이들이 찻길에 마련해 놓은 횡단보도에서 장난치는 모습이므로 '횡단보도'가 알맞습니다.

춤을 추다가 동작을 (멈춰요) / 닦아요.

해설 | 아이들이 춤을 추다가 동작을 그친 모습이므로 '멈춰요'가 알맞습니다.

배를 타고 바다를 불러요 / (건너요).

해설 | 가족이 배를 타고 바다를 건너는 모습이므로 '건너요'가 알맞습니다.

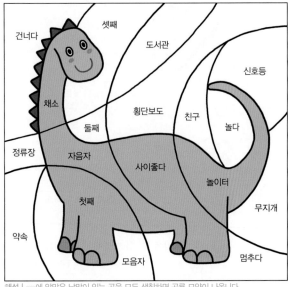 에 알맞은 낱말이 있는 곳을 아래 그림에서 찾아 색칠하고, 어떤 모양이 나오는지 말해 보세요.

① 순서가 가장 먼저인 것을 첫째 라고 해요.
② 다투지 않고 서로 친한 것을 사이좋다 라고 해요.
③ 아이들이 놀 수 있게 만든 곳을 놀이터 라고 해요.
④ 먹기 위해 밭에서 기르는 식물을 채소 라고 해요.
⑤ 'ㄱ', 'ㄴ', 'ㄷ' 등과 같은 자음을 나타내는 글자를 자음자 라고 해요.

셋째 / 건너다 / 도서관 / 신호등 / 채소 / 횡단보도 / 친구 / 놀다 / 둘째 / 정류장 / 자음자 / 사이좋다 / 놀이터 / 첫째 / 무지개 / 약속 / 모음자 / 멈추다

해설 | 에 알맞은 낱말이 있는 곳을 모두 색칠하면 공룡 모양이 나옵니다.

낱말에 대한 설명이 맞으면 ◯, 틀리면 ✕ 하세요.

 다른 사람과 어떤 일을 하기로 미리 정하는 것을 약속이라고 해요. ◯

 순서가 둘째 다음인 것을 넷째라고 해요. ✕

해설 | 순서가 둘째 다음인 것은 '셋째'입니다. '넷째'는 순서가 셋째 다음인 것을 뜻합니다.

 책을 많이 모아 두고 사람들이 볼 수 있게 해 놓은 곳을 도서관이라고 해요. ◯

 사람이 건너다닐 수 있도록 찻길에 표시해 놓은 길을 횡단보도라고 해요. 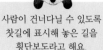 ◯

 하던 동작을 그치게 하는 것을 건너다라고 해요. ✕

 'ㅏ', 'ㅑ', 'ㅓ' 등과 같은 모음을 나타내는 글자를 모음자라고 해요. ◯

해설 | 하던 동작을 그치게 하는 것을 '멈추다'라고 합니다. '건너다'는 무엇을 넘거나 지나서 맞은편으로 가는 것을 뜻합니다.

본문 36쪽 낱말이 쓰여 있는 곳을 예쁘게 색칠해 보세요.

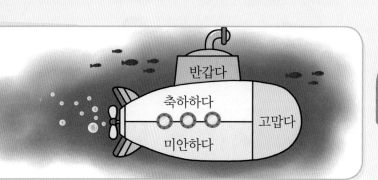

본문 40쪽 ? 에 알맞은 붙임딱지를 붙여 보세요.

본문 44쪽 ? 에 알맞은 붙임딱지를 붙여 보세요.

본문 48쪽 낱말이 쓰여 있는 곳을 예쁘게 색칠해 보세요.

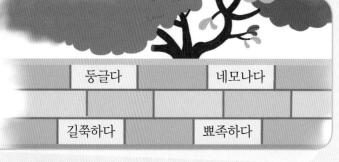

본문 52쪽 낱말이 쓰여 있는 곳을 예쁘게 색칠해 보세요.

[243001-0011]

1 뜻에 알맞은 낱말 붙임딱지를 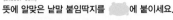 에 붙이세요.

뜻 좋은 일이 생긴 사람에게 기쁜 마음으로 인사하다.

축하하다

뜻 보고 싶던 사람을 만나 기쁘다.

할머니!

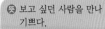

반갑다

뜻 남이 나에게 잘해 주어서 흐뭇하고 즐겁다.

고맙다

뜻 남에 대한 마음이 편하지 않고 부끄럽다.

앗! 내가 블록을 무너뜨려 버렸네.

미안하다

[243001-0012]

2 그림을 보고, 에 알맞은 낱말을 찾아 ○ 하세요.

만나서 옆집에 새로 이사 왔어.

미안해
(반가워)

해설 | 새로 이사 와서 만난 친구에게 할 인사말은 '반가워'가 알맞습니다.

공을 주워 주셔서 ___.

(고맙습니다)
다녀왔습니다

해설 | 공을 주워 주신 아주머니께 할 인사말은 '고맙습니다'가 알맞습니다.

이모, 결혼을 ___.

(축하해요)
괜찮아요

해설 | 결혼하는 이모에게 할 인사말은 '축하해요'가 알맞습니다.

책을 떨어뜨려서 정말 ___.

반가워
(미안해)

해설 | 친구의 책을 떨어뜨렸을 때 할 인사말은 '미안해'가 알맞습니다.

[243001-0013]

1 뜻에 알맞은 낱말 붙임딱지를 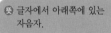 에 붙이세요.

뜻 글자에서 아래쪽에 있는 자음자.

국 줄 솜
문 공

받침

뜻 흙을 담고 꽃을 심어 놓는 그릇.

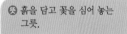

화분

뜻 밥을 짓거나 국 같은 음식을 끓이는 큰 그릇.

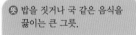

솥

뜻 바람과 햇빛이 들어올 수 있게 벽에 만들어 놓은 작은 문.

창

[243001-0014]

2 그림을 보고, 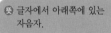 에 알맞은 낱말을 찾아 색칠하세요.

 ___ 에 물을 주었어요.

| 컵 | 빨대 | 화분 |

해설 | 아이가 화분에 물을 주는 모습이므로 '화분'이 알맞습니다.

 '자'에 ___ 'ㅁ'을 붙이면 '잠'이 돼요.

| 기침 | 받침 | 부침 |

해설 | '자'에 받침 'ㅁ'을 붙이면 '잠'이 됩니다.

 방 안이 추워서 ___ 을 닫아요.

| 공 | 옷 | 창 |

해설 | 오빠가 창을 닫고 있는 모습이므로 '창'이 알맞습니다.

 엄마께서 ___ 에 고구마를 쪄 주셨어요.

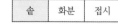

| 솥 | 화분 | 접시 |

해설 | 고구마를 큰 그릇인 솥에 넣고 찐 모습이므로 '솥'이 알맞습니다.

[243001-0015]

1 뜻에 알맞은 낱말을 찾아 ◯ 하세요.

뜻 아빠의 형이나 남동생, 엄마의 오빠나 남동생.

(삼촌) 할아버지

아저씨

뜻 생일을 축하하기 위하여 하는 잔치.

운동회 결혼식

(생일 파티)

뜻 생김새가 비슷하다.

웃다 (닮다)

예쁘다

뜻 모임이나 잔치 등에 와 달라고 부탁하는 것.

싸움 노래

(초대)

[243001-0016]

2 그림을 보고, 알맞은 낱말을 찾아 색칠하세요.

할머니
삼촌	께서는 키가 크세요.

해설 | 아이에게 인사를 하는 사람은 '삼촌'이 알맞습니다.

내 생일에 친구를
초대
청소	했어요.

해설 | '청소'는 더러운 곳을 깨끗하게 쓸고 닦는 것을 뜻하므로 알맞지 않습니다.

아빠랑 나랑 얼굴이
닮았어요
다쳤어요	.

해설 | 아빠와 아이의 생김새가 비슷하므로 '닮았어요'가 알맞습니다.

친구들과
공부
생일 파티	를 해요.

해설 | 아이들이 모여 생일을 축하하는 모습이므로 '생일 파티'가 알맞습니다.

[243001-0017]

1 뜻에 알맞은 낱말을 찾아 ◯ 하세요.

뜻 조금 길다.

(길쭉하다) 빨갛다

부드럽다

해설 | '부드럽다'는 "닿거나 만지는 느낌이 거칠거나 뻣뻣하지 않고 연하다."라는 뜻입니다.

뜻 동그라미나 공의 모양과 같거나 비슷하다.

작다 (둥글다)

깜깜하다

해설 | '깜깜하다'는 "아무것도 안 보일 정도로 매우 어둡다."라는 뜻입니다.

뜻 끝이 가늘고 날카롭다.

(뾰족하다) 뚱뚱하다

크다

해설 | '뚱뚱하다'는 "살이 쪄서 몸이 옆으로 퍼진 듯하다."라는 뜻입니다.

뜻 네모 모양으로 생기다.

짧다 딱딱하다

(네모나다)

해설 | '딱딱하다'는 "매우 굳고 단단하다."라는 뜻입니다.

[243001-0018]

2 그림을 보고, 알맞은 낱말을 찾아 색칠하세요.

형이
네모난
세모난	안경을 썼어요.

해설 | 형이 네모 모양의 안경을 쓰고 있으므로 '네모난'이 알맞습니다. '세모난'은 "세모 모양으로 생긴."이라는 뜻입니다.

주삿바늘의 끝은
납작해요
뾰족해요	.

해설 | 주삿바늘의 끝은 가늘고 날카로우므로 '뾰족해요'가 알맞습니다. '납작해요'는 "판판하고 얇으면서 좀 넓어요."라는 뜻입니다.

빵이
짧아요
길쭉해요	.

해설 | 빵이 조금 긴 모양이므로 '길쭉해요'가 알맞습니다.

지구는
둥근
네모난	모양이에요.

해설 | 지구는 공과 비슷한 모양이므로 '둥근'이 알맞습니다.

1 뜻에 알맞은 낱말 붙임딱지를 ◯에 붙이세요.

[243001-0019]

뜻 저절로 밀려 나갈 정도로 거친 데가 없이 부드럽다.

미끄럽다

뜻 운동을 하기 전에 가볍게 몸을 푸는 운동.

준비 운동

뜻 하던 일을 멈추고 잠시 쉬는 것.

휴식

뜻 물에 빠져도 몸이 뜰 수 있도록 만든 조끼.

구명조끼

2 그림을 보고, 알맞은 낱말을 찾아 ◯하세요.

[243001-0020]

힘들어서 휴식 / 요리 중이에요.

해설 | 산에 오르다가 잠시 쉬는 모습이므로 '휴식'이 알맞습니다.

털 조끼 / 구명조끼 를 입고 물놀이를 해요.

해설 | 물속에서 몸이 뜰 수 있게 만든 조끼를 입고 물놀이를 하고 있으므로 '구명조끼'가 알맞습니다.

길이 따뜻해서 / 미끄러워서 넘어졌어요.

해설 | 얼음이 언 길에서 넘어진 모습이므로 '미끄러워서'가 알맞습니다.

선수들이 준비 운동 / 수영 을 해요.

해설 | 달리기를 하기 전에 가볍게 몸을 푸는 모습이므로 '준비 운동'이 알맞습니다.

✈ ▨안의 뜻에 알맞은 낱말이 쓰여 있는 길을 따라가 서커스장까지 가세요.

해설 | 생김새가 비슷한 것을 뜻하는 낱말은 '닮다', 하던 일을 멈추고 잠시 쉬는 것을 뜻하는 낱말은 '휴식', 흙을 담고 꽃을 심어 놓는 그릇을 뜻하는 낱말은 '화분', 동그라미나 공의 모양과 같거나 비슷한 것을 뜻하는 낱말은 '둥글다', 보고 싶던 사람을 만나 기쁜 것을 뜻하는 낱말은 '반갑다'입니다.

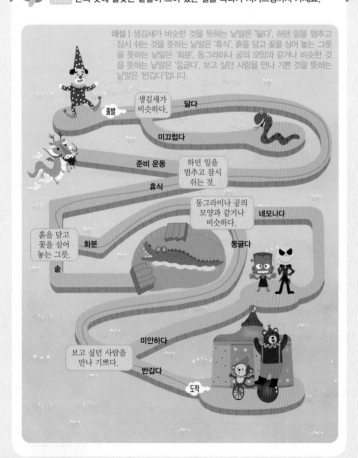

출발

생김새가 비슷하다. 닮다

미끄럽다

준비 운동

하던 일을 멈추고 잠시 쉬는 것. 휴식

동그라미나 공의 모양과 같거나 비슷하다.

네모나다

흙을 담고 꽃을 심어 놓는 그릇. 화분

솔

둥글다

미안하다

보고 싶던 사람을 만나 기쁘다. 반갑다

도착

✈ 여우가 비밀번호를 잊어버렸어요. 낱말에 대한 설명이 맞는 번호에 ◯하세요. 그리고 ◯ 한 것과 똑같은 붙임딱지를 ❓에 차례대로 붙여 보세요.

1 물에 빠져도 몸이 뜰 수 있도록 만든 조끼를 구명조끼라고 해요.

↓

2 끝이 가늘고 날카로운 것을 뾰족하다라고 해요.

3 생일을 축하하기 위하여 하는 잔치를 생일 파티라고 해요.

←

↓

4 바람과 햇빛이 들어올 수 있게 벽에 만들어 놓은 작은 문을 솔이라고 해요.

→

5 좋은 일이 생긴 사람에게 기쁜 마음으로 인사하는 것을 축하하다라고 해요.

해설 | 바람과 햇빛이 들어올 수 있게 벽에 만들어 놓은 작은 문을 뜻하는 낱말은 '창'입니다.

우리 집 비밀번호는   예요.

3주차 정답과 해설

본문 60쪽

? 에 알맞은 붙임딱지를
붙여 보세요.

본문 64쪽

낱말이 쓰여 있는 곳을 예쁘게
색칠해 보세요.

본문 68쪽

낱말이 쓰여 있는 곳을 예쁘게
색칠해 보세요.

본문 72쪽

낱말이 쓰여 있는 곳을 예쁘게
색칠해 보세요.

본문 76쪽

낱말이 쓰여 있는 곳을 예쁘게
색칠해 보세요.

[243001-0021]
1 뜻에 알맞은 낱말 붙임딱지를 ▨에 붙이세요.

뜻 바람이 계속 세차게 스쳐 지나가는 소리나 모양.

뜻 가볍고 힘 있게 자꾸 뛰어오르는 모양.

쌩쌩

폴짝폴짝

뜻 이쪽저쪽 기울어지며 자꾸 흔들리는 모양.

뜻 햇볕이 강하게 내리쬐는 모양.

뒤뚱뒤뚱

쨍쨍

[243001-0022]
2 그림을 보고, 알맞은 낱말을 찾아 ○ 하세요.

바람이 ⎰남냠 / 쌩쌩⎱ 불어요.

해설 | '냠냠'은 어린아이가 음식을 맛있게 먹는 소리나 모양을 나타낼 때 쓰입니다.

아기가 ⎰뒤뚱뒤뚱 / 부릉부릉⎱ 걸어요.

해설 | '부릉부릉'은 자동차나 오토바이 등이 시동이 걸릴 때 나는 소리를 나타낼 때 쓰입니다.

신이 나서 ⎰소곤소곤 / 폴짝폴짝⎱ 뛰어요.

해설 | '소곤소곤'은 작은 목소리로 이야기하는 소리나 모양을 나타낼 때 쓰입니다.

햇볕이 ⎰훨훨 / 쨍쨍⎱ 내리쬐면 모자를 써요.

해설 | '훨훨'은 새가 높이 떠서 느리게 날개를 치며 매우 시원스럽게 나는 모양을 나타낼 때 쓰입니다.

[243001-0023]
1 뜻에 알맞은 낱말 붙임딱지를 ▨에 붙이세요.

뜻 다른 사람의 일을 함께 해 주다.

뜻 우리 집과 가까운 집에 사는 사람.

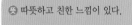
도와주다

이웃

뜻 따뜻하고 친한 느낌이 있다.

뜻 바닥에 떨어져 있는 것을 집다.

정답다

줍다

[243001-0024]
2 그림을 보고, 알맞은 낱말을 찾아 색칠하세요.

아빠와 엄마께서 ⎰정답게 / 무섭게⎱ 걸으세요.

해설 | 아빠와 엄마께서 손을 잡고 걷고 있는 모습이므로 '정답게'가 알맞습니다.

땅에 떨어져 있는 밤을 ⎰구워요 / 주워요⎱.

해설 | 아이와 아빠가 땅에 떨어져 있는 밤을 손으로 집는 모습이므로 '주워요'가 알맞습니다.

친구가 일어날 수 있게 ⎰도와주어요 / 빌려주어요⎱.

해설 | 여자아이가 넘어진 친구를 일으켜 주는 모습이므로 '도와주어요'가 알맞습니다.

⎰인형 / 이웃⎱과 음식을 나누어 먹어요.

해설 | 아이가 옆집 아주머니에게 음식을 건네는 모습이므로 '이웃'이 알맞습니다.

[243001-0025]

1 뜻에 알맞은 낱말을 찾아 ◯ 하세요.

뜻 서 있다가 쓰러지다.

앉다   달리다
넘어지다

뜻 힘을 들여 물건을 생기게 하다.

만들다   버리다
숨기다

뜻 자동차, 말 등에 몸을 얹다.

심다   타다
보다

뜻 잘할 수 있도록 계속해서 익힘.

구경   연습
장난

[243001-0026]

2 그림을 보고, ▓▓에 알맞은 낱말 붙임딱지를 붙이세요.

아빠께서 상자로
로봇을 만드세요 .

해설 | 아빠께서 상자로 로봇을 만드시는 모습이므로 '만드세요'가 알맞습니다.

기차를 타고 여행 가요.

해설 | 가족이 기차에 오르려는 모습이므로 '타고'가 알맞습니다.

장난감에 발이 걸려 넘어져요 .

해설 | 아이가 장난감에 발이 걸려 넘어지는 모습이므로 '넘어져요'가 알맞습니다.

축구 연습 을 열심히 해요.

해설 | 아이가 공을 차면서 축구 연습을 하는 모습이므로 '연습'이 알맞습니다.

3
주차

[243001-0027]

1 뜻에 알맞은 낱말 붙임딱지를 📋에 붙이세요.

뜻 아래에서 위까지의 길이가 짧다.

뜻 아래에서 위까지의 길이가 길다.

낮다

높다

뜻 무게가 많이 나가다.

뜻 무게가 적게 나가다.

무겁다   가볍다

[243001-0028]

2 그림을 보고, 알맞은 낱말을 찾아 ◯ 하세요.

도시에는 높은 건물이 많아요.
빨간

해설 | 건물의 높이가 모두 높으므로 '높은'이 알맞습니다.

책꽂이가 빨라서 책을 꽂기가 편해요.
낮아서

해설 | 아이가 앉아서 책을 꽂을 만큼 책꽂이의 높이가 낮으므로 '낮아서'가 알맞습니다.

무거운 바위를 번쩍 들어요.
달콤한

해설 | 바위는 무거우므로 '무거운'이 알맞습니다.

풍선은 가벼워서 물에 떠요.
가까워서

해설 | 물에 뜰 만큼 풍선이 가벼우므로 '가벼워서'가 알맞습니다.

1 [243001-0029]
뜻에 알맞은 낱말을 찾아 색칠하세요.

🌰 열매가 많이 달려 있는 모양.

🌰 여러 가지 색깔이 한곳에 뒤섞여 있는 모양.

파릇파릇 　주렁주렁
엉금엉금

대롱대롱 　끄덕끄덕
울긋불긋

해설 | '파릇파릇'은 여러 곳이 조금 파란 모양을, '엉금엉금'은 느리게 걷거나 기는 모양을 뜻합니다.

해설 | '대롱대롱'은 작은 물건이 매달려 가볍게 자꾸 흔들리는 모양을, '끄덕끄덕'은 머리를 아래위로 자꾸 움직이는 모양을 뜻합니다.

🌰 개가 짖는 소리.

🌰 벌 등의 곤충이 빠르게 날아가는 소리.

멍멍 　짹짹
음매

땡땡 　윙윙
깔깔

해설 | '짹짹'은 참새 등이 우는 소리를, '음매'는 소나 송아지가 우는 소리를 뜻합니다.

해설 | '땡땡'은 종이나 그릇 등의 쇠붙이를 자꾸 두드리는 소리를, '깔깔'은 웃는 소리를 뜻합니다.

2 [243001-0030]
그림을 보고, 알맞은 낱말을 찾아 ○ 하세요.

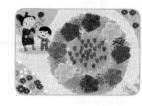

공원에 　울긋불긋 / 깡충깡충 　꽃이 피었어요.

해설 | '깡충깡충'은 짧은 다리를 모으고 자꾸 힘 있게 위로 솟아오르며 뛰는 모양을 나타낼 때 쓰입니다.

개가 　빙빙 / 멍멍 　짖어서 깜짝 놀랐어요.

해설 | '빙빙'은 약간 넓은 공간을 자꾸 도는 모양을 나타낼 때 쓰입니다.

포도가 　주렁주렁 / 살랑살랑 　열렸어요.

해설 | '살랑살랑'은 바람이 가볍게 자꾸 부는 모양을 나타낼 때 쓰입니다.

벌들이 　쾅쾅 / 윙윙 　날아다녀요.

해설 | '쾅쾅'은 무겁고 단단한 물건이 잇따라 바닥에 떨어지거나 다른 물건과 부딪쳐 울리는 소리를 나타낼 때 쓰입니다.

🛸 　에 알맞은 낱말이 되도록 글자를 ⌒로 묶으세요.

보기

잘할 수 있도록 계속해서 익히는 것을 　이라고 해요.

자
연　습

우리 집과 가까운 집에 사는 사람을 　이라고 해요.

모
이　웃

해설 | 우리 집과 가까운 집에 사는 사람을 '이웃'이라고 합니다.

자동차, 말 등에 몸을 얹는 것을 　라고 해요.

타
다　먹

해설 | 자동차, 말 등에 몸을 얹는 것을 '타다'라고 합니다.

바닥에 떨어져 있는 것을 집는 것을 　라고 해요.

날
줍　다

해설 | 바닥에 떨어져 있는 것을 집는 것을 '줍다'라고 합니다.

아래에서 위까지의 길이가 짧은 것을 　라고 해요.

낮
높　다

해설 | 아래에서 위까지의 길이가 짧은 것을 '낮다'라고 합니다.

🛸 　안의 뜻에 알맞은 낱말이 쓰여 있는 길을 따라가 할머니네 집까지 가세요.

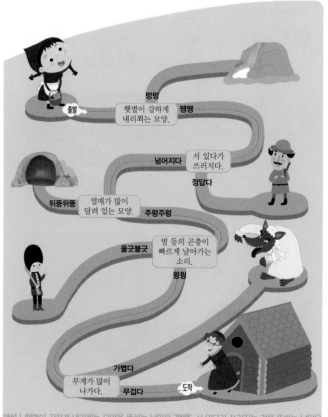

멍멍
출발
햇볕이 강하게 내리쬐는 모양.
쨍쨍
넘어지다
서 있다가 쓰러지다.
정답다
뒤뚱뒤뚱
열매가 많이 달려 있는 모양.
주렁주렁
울긋불긋
벌 등의 곤충이 빠르게 날아가는 소리.
윙윙
가볍다
무게가 많이 나가다.
무겁다
도착

해설 | 햇볕이 강하게 내리쬐는 모양을 뜻하는 낱말은 '쨍쨍', 서 있다가 쓰러지는 것을 뜻하는 낱말은 '넘어지다', 열매가 많이 달려 있는 모양을 뜻하는 낱말은 '주렁주렁', 벌 등의 곤충이 빠르게 날아가는 소리를 뜻하는 낱말은 '윙윙', 무게가 많이 나가는 것을 뜻하는 낱말은 '무겁다'입니다.

4주차 정답과 해설

본문 84쪽

낱말이 쓰여 있는 곳을 예쁘게
색칠해 보세요.

본문 88쪽

낱말이 쓰여 있는 곳을 예쁘게
색칠해 보세요.

본문 92쪽

낱말이 쓰여 있는 곳을 예쁘게
색칠해 보세요.

본문 96쪽

낱말이 쓰여 있는 곳을 예쁘게
색칠해 보세요.

본문 100쪽

낱말이 쓰여 있는 곳을 예쁘게
색칠해 보세요.

1 [243001-0031]
뜻에 알맞은 낱말을 찾아 ○ 하세요.

🔍 낮에 자는 잠.

춤　　낮잠
잠옷

🔍 물로 손이나 얼굴을 씻음.

정리　　세수
빨래

🔍 붙어 있는 것을 잡아서 떼다.

담다　　입다
따다

🔍 물, 우유 같은 것을 목구멍으로 넘기다.

마시다　　자르다
그리다

2 [243001-0032]
그림을 보고, ▨에 알맞은 낱말 붙임딱지를 붙이세요.

민규가 우유를 　마셔요　.

해설 | 아이가 우유를 마시는 모습이므로 '마셔요'가 알맞습니다.

호준이가 사과를 　따요　.

해설 | 아이가 사과를 손으로 잡아서 떼려는 모습이므로 '따요'가 알맞습니다.

언니가 　세수　를 해요.

해설 | 언니가 얼굴을 씻는 모습이므로 '세수'가 알맞습니다.

할머니께서 　낮잠　을 주무세요.

해설 | 해가 떠 있는 낮에 할머니께서 잠을 주무시고 계시는 모습이므로 '낮잠'이 알맞습니다.

1 [243001-0033]
뜻에 알맞은 낱말을 찾아 줄로 이으세요.

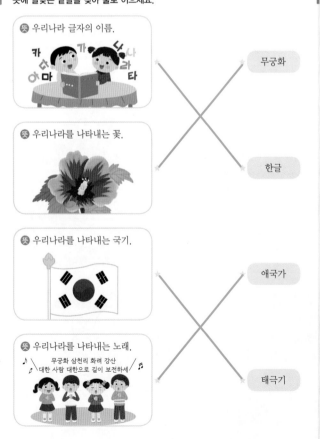

🔍 우리나라 글자의 이름.

🔍 우리나라를 나타내는 꽃.

🔍 우리나라를 나타내는 국기.

🔍 우리나라를 나타내는 노래.

무궁화

한글

애국가

태극기

2 [243001-0034]
그림을 보고, ▨에 알맞은 낱말 붙임딱지를 붙이세요.

　무궁화　앞에서 사진을 찍어요.

해설 | 활짝 핀 무궁화 앞에서 사진을 찍고 있으므로 '무궁화'가 알맞습니다.

사람들이 　애국가　를 불러요.

해설 | 야구 경기장에서 사람들이 애국가를 부르고 있는 모습이므로 '애국가'가 알맞습니다.

　태극기　를 흔들며 우리나라 선수를 응원해요.

해설 | 가족이 텔레비전으로 축구 경기를 보면서 태극기를 흔들며 응원하는 모습이므로 '태극기'가 알맞습니다.

공책에 　한글　을 쓰며 공부해요.

해설 | 아이가 공책에 한글을 쓰며 공부하는 모습이므로 '한글'이 알맞습니다.

1 [243001-0035]
뜻에 알맞은 낱말을 찾아 줄로 이으세요.

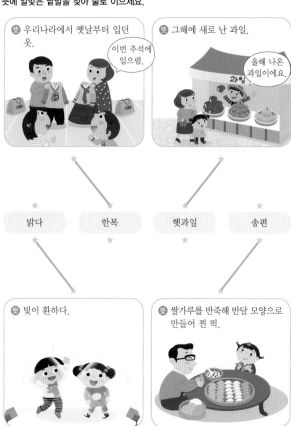

뜻 우리나라에서 옛날부터 입던 옷.
(이번 추석에 입으렴.)

뜻 그해에 새로 난 과일.
(올해 나온 과일이에요.)

밝다 　 한복 　 햇과일 　 송편

뜻 빛이 환하다.

뜻 쌀가루를 반죽해 반달 모양으로 만들어 찐 떡.

---

2 [243001-0036]
그림을 보고, ▨▨▨에 알맞은 낱말 붙임딱지를 붙이세요.

송편 은 추석에 먹는 떡이에요.
해설 | 쌀가루를 반죽해 반달 모양으로 만들어 찐 떡을 뜻하는 '송편'이 알맞습니다.

전등이 너무 밝아서 눈이 부셔요.
해설 | '빛이 환해서'를 뜻하는 '밝아서'가 알맞습니다.

한복 을 사러 옷 가게에 갔어요.
(추석에 저 옷을 입고 싶어요.)
해설 | 우리나라에서 옛날부터 입던 옷을 뜻하는 '한복'이 알맞습니다.

삼촌께서 햇과일 을 추석 선물로 보내셨어요.
(올해 가을에 딴 과일이네!)
해설 | 그해에 새로 난 과일을 뜻하는 '햇과일'이 알맞습니다.

4주차

---

1 [243001-0037]
뜻에 알맞은 낱말 붙임딱지를 ▨에 붙이세요.

뜻 실제로 없는 것을 머릿속으로 그려 봄.

뜻 만화를 카메라로 찍어서 움직이는 영화로 만든 것.

 상상　　 만화 영화

뜻 기분이 좋고 즐겁다.

뜻 우주선 등을 타고 해와 달, 별이 있는 넓은 곳을 살펴보는 것.

재미있다　　우주 탐험

---

2 [243001-0038]
그림을 보고, 알맞은 낱말을 찾아 색칠하세요.

극장에서 만화 영화 / 운동 경기 를 봐요.
해설 | 아이들이 동물이 나오는 만화 영화를 보고 있으므로 '만화 영화'가 알맞습니다.

꿈속에서 숨바꼭질 / 우주 탐험 을 했어요.
해설 | '숨바꼭질'은 한 사람이 술래가 되어 숨은 사람을 찾아내는 놀이를 뜻하므로 알맞지 않습니다.

경찰관이 된 내 모습을 상상 / 양보 해요.
해설 | '양보'는 내 물건이나 자리를 다른 사람에게 주는 것을 뜻하므로 알맞지 않습니다.

친구들과 슬프게 / 재미있게 놀아요.
해설 | 아이들이 즐겁게 노는 모습이므로 '재미있게'가 알맞습니다.

[243001-0039]

1 뜻에 알맞은 낱말을 찾아 ○ 하세요.

뜻 운동 경기를 할 수 있게 만든 넓고 평평한 땅.

뜻 학교에서 선생님께서 학생들을 가르치시는 방.

시장 　　수영장 　　복도 　　계단
(운동장) 　　　　　(교실)

뜻 학교에서 아픈 사람을 보살피는 방.

뜻 선생님들께서 학교 일을 하시는 방.

약국 　　(보건실) 　　(교무실) 　　도서관
화장실 　　　　　미용실

[243001-0040]

2 그림을 보고, ▨ 에 알맞은 낱말 붙임딱지를 붙이세요.

학교에 가면 교실 에서 공부를 해요.
해설 | 선생님과 아이들이 교실에서 공부하는 모습이므로 '교실'이 알맞습니다.

학교 운동장 에서는 축구를 할 수 있어요.
해설 | 아이들이 운동장에서 축구를 하는 모습이므로 '운동장'이 알맞습니다.

선생님들께서는 교무실 에서 일을 하세요.
해설 | 선생님들께서 교무실에서 일을 하시는 모습이므로 '교무실'이 알맞습니다.

학교에서 넘어져 무릎을 다치면 보건실 에 가요.
해설 | 보건 선생님께서 보건실에서 아이의 상처를 치료해 주시는 모습이므로 '보건실'이 알맞습니다.

 곰이 좋아하는 과일은 무엇일까요? 낱말에 대한 설명이 맞는 카드의 과일에 모두 ○ 하세요. 그리고 ○ 한 과일과 똑같은 붙임딱지를 ? 에 붙여 보세요.

낮잠은 낮에 자는 잠이에요.

교실은 운동 경기를 할 수 있게 만든 넓고 평평한 땅이에요.

해설 | '교실'은 학교에서 선생님께서 학생들을 가르치시는 방을 뜻합니다. 운동 경기를 할 수 있게 만든 넓고 평평한 땅을 뜻하는 낱말은 '운동장'입니다.

태극기는 우리나라를 나타내는 노래예요.

세수는 물로 손이나 얼굴을 씻는 것이에요.

해설 | '태극기'는 우리나라를 나타내는 국기입니다. 우리나라를 나타내는 노래를 뜻하는 낱말은 '애국가'입니다.

재미있다는 기분이 슬픈 것이에요.

송편은 쌀가루를 반죽해 반달 모양으로 만들어 찐 떡이에요.

해설 | '재미있다'는 기분이 좋고 즐거운 것을 뜻합니다.

 내가 좋아하는 과일은   예요.

 ▨ 에 알맞은 낱말이 있는 곳을 아래 그림에서 찾아 색칠하고, 어떤 모양이 나오는지 말해 보세요.

① 우리나라 글자의 이름은 한글 이에요.
② 우리나라를 나타내는 꽃은 무궁화 예요.
③ 그해에 새로 난 과일을 햇과일 이라고 해요.
④ 우리나라에서 옛날부터 입던 옷은 한복 이에요.
⑤ 붙어 있는 것을 잡아서 떼는 것을 따다 라고 해요.
⑥ 학교에서 아픈 사람을 보살피는 방을 보건실 이라고 해요.
⑦ 실제로 없는 것을 머릿속으로 그려 보는 것을 상상 이라고 해요.

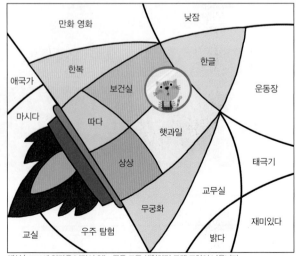

해설 | ▨ 에 알맞은 낱말이 있는 곳을 모두 색칠하면 로켓 모양이 나옵니다.

EBS

초등
어휘가
문해력
이다

정답과 해설

3주차 P단계

어휘 다시 보기

3주차에서는 어떤 낱말을 공부했을까요?
학습 카드를 보면서 공부한 낱말을
떠올려 보세요.

3주차 1회

폴짝폴짝
쨍쨍
쌩쌩
뒤뚱뒤뚱

3주차 2회

정답다
이웃
줍다
도와주다

3주차 3회

연습
넘어지다 타다 만들다

3주차 4회

무겁다 가볍다
높다 낮다

3주차 5회

울긋불긋 멍멍
주렁주렁 윙윙

4주차 1회

마 시 다   세 수

낮 잠   따 다

4주차 P단계
어휘 다시 보기

4주차에서는 어떤 낱말을 공부했을까요?
학습 카드를 보면서 공부한 낱말을
떠올려 보세요.

4주차 2회

태 극 기

애 국 가

무 궁 화   한 글

4주차 3회

한 복   밝 다

송 편

햇 과 일

4주차 4회

재 미 있 다

우 주 탐 험

만 화 영 화   상 상

4주차 5회

교 무 실   교 실

운 동 장

보 건 실

🌸 12쪽에 붙이세요.

사이좋다   놀다   친구   약속

🌸 15쪽에 붙이세요.   놀아요   약속   사이좋게   친구

🌸 24쪽에 붙이세요.

첫째   둘째   셋째   넷째

🌸 27쪽에 붙이세요.   첫째   둘째   셋째   넷째

🌸 30쪽에 붙이세요.

 건너다
 신호등
 멈추다
 횡단보도

1회~5회 끝 붙임딱지

🌸15쪽에
붙이세요.

🌸19쪽에
붙이세요.

🌸23쪽에
붙이세요.

🌸27쪽에
붙이세요.

🌸31쪽에
붙이세요.

🌸 38쪽에 붙이세요.

고맙다

반갑다

축하하다

미안하다

🌸 40쪽에 붙이세요.

 솥

화분

받침

 창

🌸 42쪽에 붙이세요.

솥

창

화분

받침

🌸 44쪽에 붙이세요.

초대

삼촌

생일 파티

닮다

🌸 54쪽에 붙이세요.

구명조끼

준비 운동

미끄럽다

휴식

🌸 57쪽에 붙이세요.

 1

2

3

5

1회~5회 끝 붙임딱지

🌸 39쪽에
붙이세요.

🌸 43쪽에
붙이세요.

🌸 47쪽에
붙이세요.

🌸 51쪽에
붙이세요.

🌸 55쪽에
붙이세요.

1회
끝!

2회
끝!

3회
끝!

4회
끝!

5회
끝!

어휘가 문해력이다 P단계 3주차 붙임딱지

🌸 60쪽에 붙이세요.

 폴짝폴짝
 뒤뚱뒤뚱
 쌩쌩
 쨍쨍

🌸 62쪽에 붙이세요.

 쨍쨍
 쌩쌩
 폴짝폴짝
 뒤뚱뒤뚱

🌸 66쪽에 붙이세요.

 이웃
 줍다
 정답다
 도와주다

🌸 71쪽에 붙이세요.

넘어져요   연습   만드세요   타고

🌸 74쪽에 붙이세요.

 높다
 낮다
 가볍다
 무겁다

1회~5회 끝 붙임딱지

🌸 63쪽에 붙이세요. 🌸 67쪽에 붙이세요. 🌸 71쪽에 붙이세요. 🌸 75쪽에 붙이세요. 🌸 79쪽에 붙이세요.

 1회 끝!
 2회 끝!
 3회 끝!
 4회 끝!
 5회 끝!

🌸 87쪽에 붙이세요.　　　세수　　　따요　　　낮잠　　　마셔요

🌸 91쪽에 붙이세요.　　　한글　　　무궁화　　　애국가　　　태극기

🌸 95쪽에 붙이세요.　　　햇과일　　　한복　　　밝아서　　　송편

🌸 98쪽에 붙이세요.

　만화 영화　　　　우주 탐험　　　　재미있다　　　상상

🌸 103쪽에 붙이세요.　　　교실　　　교무실　　　보건실　　　운동장

🌸 104쪽에 붙이세요.　　　

1회~5회 끝 붙임딱지

🌸 87쪽에 붙이세요.	🌸 91쪽에 붙이세요.	🌸 95쪽에 붙이세요.	🌸 99쪽에 붙이세요.	🌸 103쪽에 붙이세요.
👍 1회 끝!	👍 2회 끝!	👍 3회 끝!	👍 4회 끝!	👍 5회 끝!